北京市教委科技创新平台
"中国休闲业态发育与发展"项目成果之一

休闲规划开发案例

XIUXIANGUIHUA KAIFAANLI

崔 莉 ◎ 著

旅游教育出版社

前　言

我国旅游业"十二五"发展主要目标是，到"十二五"期末，把旅游业初步建设成为国民经济的战略性支柱产业和人民群众更加满意的现代服务业，在转方式、扩内需、调结构、保增长、促就业、惠民生等战略中发挥更大功能，奠定更加坚实的旅游强国基础。但是，目前我国旅游产品总体供给不足，结构性矛盾突出，度假休闲和个性化旅游产品不足，不能有效满足旅游者的多样化需求。我国旅游业发展已经进入到观光旅游向休闲度假旅游转型的阶段，以温泉、滑雪、高尔夫、休闲农业等休闲业态的发展已取得一定成就，但是休闲产品质量、休闲规划水准亟待提高。

本书首先要说明的是什么是休闲规划。中国经济的发展及居民闲暇时间的增多，需要合理布局休闲业态并规划丰富的休闲产品来满足人们休闲度假的需求。我国很多旅游学者对休闲业、旅游业的概念及产业体系进行了研究，总体上休闲与旅游互相关联，在表述上经常为"休闲旅游"、"休闲度假"，休闲是深度的旅游体验，休闲与旅游相互统一。本文在表述休闲旅游规划时，统一称为休闲规划。休闲规划的主要任务是规划休闲产业业态、旅游度假区、休闲活动，使人们在闲暇时间放松身心。休闲规划的目标是构建人际间的社会机会，创造休闲的环境并享受休闲的环境。

本书基于我国旅游业休闲旅游发展大背景和休闲规划的特性，通过九个休闲业态专题进行研究，深入探讨了我国休闲产业的发展现状、发展前景、定义、类型、休闲规划发展现状、休闲规划布局，并深入分析了国内外休闲规划案例。本书分为九章，分别为温泉休闲规划与案例、滑雪休闲规划与案例、博物馆休闲规划与案例、自驾车休闲规划与案例、户外运动休闲规划与案例、休闲农业规划与案例、休闲渔业规划与案例、高尔夫休闲规划与案例、拓展休闲规划与案例。

  本书的理论总结和规划案例分析旨在讨论目前我国现存的不同休闲业态类型、业态规模、规划布局、发展的成果经验等，同时，本书对国内外成功案例进行了总结和分析，论述了休闲规划应注意和避免的问题，希望读者能在书中寻求休闲规划经验。

  本书是北京市教委科技创新平台"中国休闲业态发育与发展"项目成果之一。在本书撰写过程中，感谢我的家人和同事的帮助，感谢本书的编辑付出的辛苦劳动。

崔莉

2012 年 8 月

目 录/Contents

第一章 温泉休闲规划与案例 ························· 1
  第一节 温泉的定义、类型 ························· 1
    一、温泉的定义 ····························· 1
    二、温泉的类型 ····························· 1
  第二节 温泉休闲的含义与发展过程 ····················· 2
    一、温泉休闲的含义 ·························· 2
    二、温泉休闲的发展过程 ······················· 2
  第三节 温泉休闲的发展现状与问题 ····················· 6
    一、温泉休闲的发展现状 ······················· 6
    二、我国温泉休闲存在的问题 ··················· 7
  第四节 温泉休闲发展前景及对策 ······················ 10
    一、温泉休闲的发展前景 ······················ 10
    二、我国温泉休闲的发展对策 ··················· 13
    三、温泉产业——双产业链条与聚集效应 ··········· 14
    四、温泉休闲是整合休闲产业的引擎 ·············· 14
  第五节 温泉休闲案例研究 ························· 15
    一、日本温泉开发案例 ······················· 15
    二、德国巴登–巴登温泉 ······················ 18
    三、珠海御温泉度假村 ······················· 20
    四、北京九华山庄案例 ······················· 22

第二章 滑雪休闲规划与案例 ························· 25
  第一节 滑雪的定义、类型 ························· 25

一、滑雪的定义 ……………………………………………… 25
　　二、滑雪的类型 ……………………………………………… 26
　　三、滑雪休闲的含义与分类 ………………………………… 27
　第二节　滑雪休闲的起源与发展 …………………………………… 28
　　一、滑雪休闲的起源 ………………………………………… 28
　　二、滑雪休闲的发展历程 …………………………………… 29
　第三节　滑雪休闲的发展现状与前景 ……………………………… 30
　　一、滑雪休闲的发展现状 …………………………………… 30
　　二、我国滑雪休闲存在的问题 ……………………………… 33
　　三、滑雪休闲的发展趋势与前景 …………………………… 35
　第四节　滑雪休闲案例研究 ………………………………………… 38
　　一、瑞士滑雪产业 …………………………………………… 38
　　二、美国沃楚西特山滑雪区——一个变化中的开发范例 … 41
　　三、中国 COOL 省黑龙江——打造"冷经济"现象 ……… 43
　　四、"塞北的雪"崇礼县——北雪南移，北冰南展 ………… 45

第三章　博物馆休闲规划与案例 …………………………………… 49
　第一节　博物馆休闲的定义、内涵 ………………………………… 49
　　一、博物馆的定义 …………………………………………… 49
　　二、博物馆休闲资源的内涵 ………………………………… 49
　　三、博物馆旅游的特征 ……………………………………… 50
　第二节　博物馆的分类与发展史 …………………………………… 51
　　一、中国博物馆的分类 ……………………………………… 51
　　二、国外博物馆的分类 ……………………………………… 52
　　三、博物馆休闲的发展史 …………………………………… 52
　第三节　博物馆休闲的现状及问题 ………………………………… 54
　　一、国内博物馆休闲现状及问题 …………………………… 54
　　二、国外博物馆休闲现状 …………………………………… 56
　　三、我国博物馆休闲的发展对策及前景 …………………… 58
　第四节　博物馆休闲案例 …………………………………………… 61

一、英国伦敦科学博物馆案例 …………………………………… 61
二、中国科技博物馆案例 ………………………………………… 63
三、美国洛杉矶盖帝艺术中心案例 ……………………………… 64
四、杜莎夫人蜡像馆 ……………………………………………… 65

第四章 自驾车休闲规划与案例 …………………………………… 68
第一节 自驾车休闲产品的定义、类型与形式 ……………………… 68
一、自驾车休闲的定义 …………………………………………… 68
二、自驾车休闲的类型 …………………………………………… 69
三、自驾车休闲旅游的分类 ……………………………………… 71
四、自驾车休闲产业的发展 ……………………………………… 72

第二节 自驾车露营的含义与发展历程 …………………………… 73
一、自驾车露营的含义 …………………………………………… 73
二、自驾车露营的产生与兴起 …………………………………… 75
三、自驾车露营的特点 …………………………………………… 76
四、自驾车露营休闲的发展历程 ………………………………… 77

第三节 自驾车露营的发展现状与问题 …………………………… 79
一、国外自驾车露营的发展现状 ………………………………… 79
二、国内自驾车露营的发展现状 ………………………………… 81
三、自驾车露营存在的问题 ……………………………………… 82
四、我国自驾车露营开发对策 …………………………………… 83
五、我国自驾车露营休闲的发展前景 …………………………… 85

第四节 自驾车露营休闲开发案例研究 …………………………… 85
一、澳大利亚露营地——"漂流者假日营地" …………………… 85
二、我国自驾车露营休闲先驱——云南省 ……………………… 87
三、大连金石滩——首家国际汽车露营地 ……………………… 89
四、我国房车优质线路简介 ……………………………………… 89

第五章 户外运动休闲规划与案例 ………………………………… 92
第一节 户外运动休闲概述 …………………………………………… 92

  一、户外运动及相关概念 …………………………………………… 92
  二、户外运动休闲的类型 …………………………………………… 93
  三、户外运动休闲的独特属性 ……………………………………… 94
  四、户外运动与体育旅游 …………………………………………… 95
 第二节　户外运动休闲的历史、发展背景、现状 …………………… 97
  一、国外户外运动休闲的发展史 …………………………………… 97
  二、国内户外运动休闲的发展史 …………………………………… 99
  三、国外户外运动休闲现状概析 …………………………………… 100
  四、国内户外运动休闲发展概析 …………………………………… 101
 第三节　户外运动开发问题与对策 …………………………………… 102
  一、我国发展户外运动休闲的制约因素 …………………………… 102
  二、解决户外运动休闲发展问题的对策 …………………………… 104
  三、户外运动休闲在我国的发展前景展望 ………………………… 109
 第四节　户外运动休闲案例研究 ……………………………………… 110
  一、沈阳市户外运动俱乐部——户外俱乐部对户外运动发展的作用 … 110
  二、重庆武隆国际山地户外挑战赛——大型赛事对户外运动的促进 … 112
  三、美国救援体系——户外运动规划中的救援体系建设 ………… 114

第六章　休闲农业规划与案例 ………………………………………… 116
 第一节　休闲农业概论 ………………………………………………… 116
  一、休闲农业的概念、特点和功能 ………………………………… 116
  二、休闲农业发展模式与经营类型 ………………………………… 117
 第二节　休闲农业的现状、问题和对策 ……………………………… 121
  一、休闲农业的产生和发展 ………………………………………… 121
  二、我国休闲农业旅游的现状和问题 ……………………………… 124
  三、在我国推进休闲农业的发展 …………………………………… 128
  四、我国休闲农业发展现状结构与分布 …………………………… 131
 第三节　休闲农业规划案例研究 ……………………………………… 132
  一、澳大利亚葡萄酒专业休闲农业案例 …………………………… 132
  二、日本都市休闲农业案例 ………………………………………… 133

三、台湾地区观光休闲农业案例 …………………………………… 133

第七章 休闲渔业规划与案例 ………………………………………… 139

第一节 休闲渔业的定义、类型与形式 ………………………………… 139
一、休闲渔业的定义 ………………………………………………… 139
二、休闲渔业的类型 ………………………………………………… 140
三、休闲渔业的形式 ………………………………………………… 141

第二节 休闲渔业的发展过程 ………………………………………… 143
一、休闲渔业的发展 ………………………………………………… 143
二、休闲渔业旅游的产生 …………………………………………… 144
三、休闲渔业的发展历程 …………………………………………… 145

第三节 休闲渔业的发展现状、问题及前景 …………………………… 146
一、休闲渔业在国外的发展现状 …………………………………… 146
二、休闲渔业在国内的发展现状 …………………………………… 147
三、休闲渔业存在的问题 …………………………………………… 148
四、我国休闲渔业的发展前景 ……………………………………… 150

第四节 休闲渔业开发案例研究 ……………………………………… 151
一、美国休闲渔业的发展模式及其成功经验 ……………………… 151
二、日本休闲渔业的发展模式及其成功经验 ……………………… 153
三、"蓝色公路"——台湾地区休闲渔业的发展模式及其成功经验 …… 154

第八章 高尔夫休闲规划与案例 ……………………………………… 160

第一节 高尔夫的定义与起源 ………………………………………… 160
一、高尔夫的定义与起源 …………………………………………… 160
二、国外高尔夫休闲产业发展历程 ………………………………… 162
三、国内高尔夫休闲产业发展历程 ………………………………… 163

第二节 高尔夫休闲的发展现状与问题 ……………………………… 164
一、高尔夫休闲的发展现状 ………………………………………… 164
二、我国高尔夫休闲产业特征 ……………………………………… 166
三、我国高尔夫休闲产业存在的问题 ……………………………… 167

第三节　高尔夫休闲的发展前景及对策 …………………………… 168
　一、推动高尔夫休闲的"平民化" ………………………………… 168
　二、调整市场策略,加强与有关中介组织的合作 ………………… 168
　三、合理规划高尔夫球场及附近景区,提高其附加值 …………… 169
　四、加强高尔夫休闲产品的开发,提高接待服务能力 …………… 169
第四节　高尔夫休闲案例研究 ………………………………………… 170
　一、巴黎国际俱乐部(Paris International Club golf course) …… 170
　二、海南观澜湖高尔夫球场 ………………………………………… 170
　三、上海滨海高尔夫俱乐部 ………………………………………… 173

第九章　拓展休闲规划与案例 …………………………………… 175

第一节　拓展休闲的定义与特征 ……………………………………… 175
　一、拓展休闲的定义 ………………………………………………… 175
　二、拓展休闲的特征 ………………………………………………… 175
第二节　拓展休闲的发展历史与现状 ………………………………… 177
　一、拓展休闲的发展历史 …………………………………………… 177
　二、拓展休闲发展现状 ……………………………………………… 178
　三、我国拓展休闲存在的问题 ……………………………………… 180
　四、拓展休闲的发展前景与对策 …………………………………… 180
第三节　拓展休闲案例 ………………………………………………… 183
　一、美铝国际瓶盖系统拓展案例 …………………………………… 183
　二、天津万科房地产有限公司拓展案例 …………………………… 184
　三、北京市天朴昌平拓展训练基地 ………………………………… 184

参考文献 ……………………………………………………………… 186

第一章

温泉休闲规划与案例

第一节 温泉的定义、类型

一、温泉的定义

温泉是泉水的一种,是一种由地下自然涌出的泉水,其水温常年平均5℃(华氏10℉)以上。温泉的学术定义:涌出地表的泉水温度高于当地的地下水温者,即可称为温泉。

二、温泉的类型

温泉的分类方式有许多种,可以根据温度、水的酸碱性、化学成分、热源、地质等因素给温泉分类。

根据温度分类,温泉可分为三类:高于75℃者为高温温泉,介于40℃至75℃者为中温温泉,低于40℃者为低温温泉。

根据水的酸碱性不同可分为三类:酸碱值低于6者为酸性温泉,酸碱值大于8者为碱性温泉,酸碱值在6~8之间者为中性温泉。

根据化学成分分类,温泉水中常见的阴离子为氯离子、碳酸氢离子及硫酸根离子,根据其相对含量可将温泉分为三类:以氯离子为主的氯化物泉,以碳酸根离子为主的碳酸氢盐泉,以及以硫酸根离子为主的硫酸盐泉。

根据热源分类,根据热源可分成火山性热源温泉与非火山性热源温泉两大类。火山性热源温泉可分为因侵入岩浆活动经岩层的热传导为热源者,与岩浆活动残留热液为热源者两种。非火山性热源温泉则可分为四种:第一种为以地壳正常地温梯度的增高率为热源的温泉,第二种为以地壳运动所产生的摩擦热为热源的温泉,第三种为以增层中化学成分相互作用的反应热为热源的温泉,第四种为以放射性物质的放射热为热源的温泉。

根据地质分类,以产生温泉的地质特性,可将温泉分类为火成岩区温泉、变质岩区温泉、沉积岩区温泉。

中国已知的温泉点分布点约2400多处,其中台湾、广东、福建、江西、云南、西藏等地温泉较多。温泉分布最多的是云南,有温泉400多处,腾冲的温泉最著名,数量多,水温高,富含硫质。世界上著名的间歇泉主要分布在冰岛、美国黄石公园和新西兰北岛的陶波。

第二节 温泉休闲的含义与发展过程

一、温泉休闲的含义

温泉休闲,即以感受温泉沐浴文化为目的,将温泉单一疗养的物化享受,提升到符合现代消费的文化和精神层面,成为一种以健康为主题,符合养生和休闲功能的时尚旅游。温泉不再是"疗养"的代名词,而是集养生、休闲、度假等功能为一体的休闲目的地。

二、温泉休闲的发展过程

(一)国外温泉概况

1. 早期的温泉疗养地

早在罗马帝国时期,温泉的治疗作用就已受到人们的重视,并由希腊人、土耳其人和罗马人传播到北非海岸、希腊、土耳其、德国南部、瑞士以及英国。1326年,第一个温泉疗养地"斯巴"(SPA)在比利时南部一个靠近列日的小镇缘起,"斯巴"后来演化成为温泉疗养代名词。此后,温泉受到了众多疗养人士的欢迎,数量惊人的温泉疗养地在欧洲如雨后春笋般涌现,其中最著名的当数英国的巴斯温泉。早期的温泉疗养地是温泉休闲的雏形,温泉的治疗作用成为吸引众多旅游者的主要因素,因此,医疗专家的宣传作用对温泉疗养地的发展起到了关键的作用。但此时的温泉疗养地旅游功能单一,开发的住宿设施和温泉浴室疗养设施较为简陋。

2. 传统的温泉休闲度假区

17世纪晚期,欧洲文艺复兴以后,伴随着欧洲各国经济整体增长,资本主义自由经济扩张,政治安定,都市余暇生活整体复兴,温泉开发空前兴盛,"斯巴"在欧洲得以发展壮大。在英国,伦敦西部著名的温泉度假城巴斯成了上流社会重要的社会生活中心和高级女子时装设计与制作中心。欧洲大陆的法国、德国、意大利、西班牙、葡萄牙等国的"斯巴"也大量发展起来。在美洲,早期的欧洲移民效仿欧洲的"斯巴"也开发了许多有名的温泉,如美国北方纽约州的萨拉托加斯巴(Saratoga Spa)、南方西弗吉尼亚州和弗吉尼亚州的白硫黄斯巴(White Sulphur Spa)和热斯巴(Hot Spa)等,享用温泉(Taking the water)成为当时人们的一种时髦。此时的"斯巴"仍然以温泉治疗为导向,到"斯巴"的旅游者主要是富有的上流社会人群;同时,为了迎合上流社会的需要,各种高档的住宿设施、娱乐设施和服务设施如戏剧院、歌剧院、舞厅、图书馆、娱乐场、赛马场、野营地以及供休闲散步的公园急剧增加。因此,"斯巴"已经不仅仅是温泉治疗的场所,而演化成为集治疗和休闲娱乐功能于一体的温泉休闲度假区。

然而,到了18世纪末期,随着西方医疗水平的提高,温泉的疗效开始受到质疑;与此同时,海水浴因具备与温泉相似的疗效而渐渐受到人们的青睐,海滨休闲度假区随之崛起并吸引了大量的旅游者,许多传统的温泉休闲度假区因此受到冷落而走向衰退。

3. 现代的温泉休闲度假区

19世纪以来,随着中产阶级规模的扩大,可自由支配的财富的增多以及便捷交通工具的出现,尤其是工业化和城市化的快速发展,大都市生活环境日益恶化,使大众休闲需求快速增长,具有医疗性质和保健性质的温泉休闲度假迎来了新的发展机遇。20世纪20年代,以温泉治疗为主导的传统温泉休闲度假区开始向以温泉治疗和休闲娱乐并重发展的现代温泉休闲度假区转变。温泉休闲在世界范围内得到发展,其中尤以美国和日本的温泉休闲度假区最为著名。大多数温泉休闲度假区都选址于自然环境良好的地区,不仅建设了高档次的康体中心,配备现代化的疗养设备、诊所、疗养院和治疗设施,提供专业化的疗养医师、舒适的住宿条件、一流的饮食服务等,而且还增加了现代化的休闲娱乐项目,如高尔夫球场、滑冰场、赛马场、会议中心、游乐场所和豪华沙龙等,温泉地周边的自然环境作为休闲娱乐的场所同时也受到严格的保护,此外,在日本,形式多样的"温泉节"及各种文化活动在温泉休闲度假区举行,并形成了独特的"温泉文化"。温泉休闲度假区的游客则由上层阶级向中层阶级和工人阶级转变。度假区的规模因此也随之扩大,旅游功能日趋多样化,并发展成为多功能综合性的大型休闲度假区。

(二)国内温泉概况

1.早期的温泉疗养院

中国温泉利用有着悠久的历史,西安的华清池、北京的小汤山、南京的汤山、辽宁鞍山的汤岗子等温泉地无不因历代帝王将相的光临而有着众多的传说。然而,在1949年新中国成立前,全国尚无一所温泉疗养院。新中国成立后,本着为人民大众服务的宗旨,温泉医疗事业随着社会主义经济发展而迅速地开展起来。从20世纪50年代开始,政府机关、专业工会、厂、部队等相继在温泉地建立了各种温泉疗养院(所),至20世纪60年代中期的十几年中,我国的温泉疗养院(所)发展到百余所。由于当时与苏联有着友好关系,工业基地多选择在北方,为此,温泉疗养院主要建立在北方工业集中地域,其中以重工业基地辽宁省为多。抗美援朝期间,辽宁省的丹东五龙背温泉、营口熊岳温泉、鞍山汤岗子温泉在接治伤员方面起到了相当大的作用。南方以广东和福建的温泉疗养院为多,但是,由于十年动乱的影响,医疗温泉的开发停滞不前,各种温泉疗养院相继关闭。

2. 第一代温泉休闲度假区

改革开放后,伴随医疗制度的改革和旅游业的发展,公费温泉疗养者大幅度减少,温泉地对外开放,温泉地由休疗养功能向休闲度假旅游发展,由此出现了第一代温泉度假区。一方面,现存的温泉疗养院开始走多种方式经营的路子以接待大众旅游者,一是设立健康疗养部门,如辽宁省熊岳温泉疗养院、大连市安波温泉疗养院等;二是设立所谓旅馆式的高级病房,如辽宁鞍山汤岗子温泉疗养院;三是开设综合门诊加强普通医院治疗机能。另一方面,在改革开放的前沿阵地广东,随着经济的迅速发展,温泉作为一种具有高附加值的休闲资源,被国内外的投资者所看好,新建了一大批温泉休闲度假区,如从化温泉、中山温泉、深圳石岩湖温泉、清远银盏温泉和黄花湖温泉等温泉休闲度假区。总的来看,此时的温泉休闲度假区主要特点为规模小,面向高消费阶层,在建设上表现为温泉室内化、硬件别墅化,休闲点(区)经营项目雷同,不注重休闲环境营造,基本上是"游泳池+澡堂子"或"温泉酒店集合体"的开发模式。

3. 第二代温泉休闲度假区

1998年年初开业的广东恩平金山温泉休闲度假区以温泉水长流不息、露天泳场面积大、观光性强、度假功能突出等特点,拉开了我国大规模综合开发温泉休闲资源的帷幕。随后,众多以大型的露天温泉公园为特色的新兴温泉如清新河中温泉、珠海御温泉和中山温泉等相继开放营业,标志着我国进入第二代休闲度假区的开发阶段。同第一代温泉休闲度假区相比,第二代温泉休闲度假区有以下特点:第一,度假区开发投资规模大,多为大型的露天温泉。度假区开发规模一般超过100公顷,投资过亿元,温泉沐浴由室内搬到室外,多为不同风格、环境优美的大型露天温泉公园。第二,休闲设施和休闲项目配套齐全、档次高。除了原有的住宿、饮食、歌舞厅、温泉浴池外,还同时建设有商场、骑马、游戏室、高尔夫场、滑草场、运动场、野战场、农家乐等旅游项目和服务设施。除了基本的温泉疗养休闲外,还有观光、娱乐、康体、会议、体育、民俗等旅游功能。第三,旅游者的多样化。温泉休闲者从专门化、特殊化的消费群体向大众化发展。第四,休闲开发投资模式的多样性。香港独资、国有资本、本地私人资本、香港和内地合资等多种投资开发模式。

第三节 温泉休闲的发展现状与问题

一、温泉休闲的发展现状

（一）国外温泉现状

温泉休闲在世界范围内得到发展,其中以美国和日本最为著名。美国的温泉侧重于健身、减肥、养心等综合功能,目的在于营造一种舒适惬意的生活方式。美国的温泉休闲地自然环境良好,不仅建设了高档次的康体中心、配备了现代化的疗养设备、提供了专业化的疗养医师和一流的饮食住宿服务等,而且还增加了现代化的休闲娱乐旅游项目,如高尔夫球场、赛马场豪华沙龙等。作为亚洲的代表,日本已走过了从汤治到保养、休养、观光及娱乐的全过程,在产品开发上形式多样,特色鲜明。到1999年,日本探明的温泉数为21 758个,开发利用的有13 488个,分为疗养型、中间型和观光型温泉地,其中观光型温泉休闲地占83%。温泉节及各种文化活动的举行,形成了日本独特的"温泉文化"。欧洲的温泉主要用于保健。西欧的温泉仍以英国为代表,2003年2月在英国巴斯(Bath)城内新建的热浴斯巴(Bath Spa)是英国最先进的Spa,也是世界最新一代温泉产品的代表。德国是中欧的代表,尽管德国温泉具有浓厚的疗养、保养功能,但目前的开发也融入了不少的娱乐因素和休闲因素。东欧的匈牙利,由于政府的重视,该国的温泉休闲产品已初具规模。近两年来,该国已经投入了1.55亿美元用于温泉旅游产品的开发。

从总体上看,近些年,世界温泉休闲发展速度较快,发展态势较好。温泉休闲地的规模不断扩大,休闲功能日趋多样化,并发展成为多功能综合性的大型休闲度假区。国际温泉疗养协会(ISPA)行业调查研究显示,温泉休闲业将会有突破性的大发展,这与温泉休闲的开发、经营、管理者能不断适应温泉休闲多层面、高层次需求是密切相关的。国外在温泉休闲开发态势上有自己的趋向,这些趋向对我国有重要启示。

(二) 国内温泉现状

我国的温泉资源异常丰富,可供开发利用的温泉2700多处。在地域上主要集中在北京、辽宁、山东、福建、广东、云南、四川、重庆、西藏、海南、台湾等省市,即使分布较少的华东地区如上海等地也有可供开发的温泉资源。

我国对温泉的开发已经有上千年的历史,利用温泉资源发展温泉休闲是新中国成立以后的事,特别以改革开放为标志。从市场的需求、感知的角度及投资者的理念出发,遴选了温泉休闲资源特别丰富、自然风光优异、历史积淀深厚的地区建成温泉旅游地。在众多的温泉休闲地中,我国已经形成一批成熟的温泉休闲景区。

近几年,随着企业内部的改制,温泉疗养地逐渐向产业化方向发展。我国温泉资源开发表现出数量增多、规模增大、结构优化、综合性强等特点。温泉休闲区已经摆脱原来单一洗浴、疗养的功能,娱乐、休闲、观光、度假的功能越来越完善。有的地区还依托温泉休闲资源,培育了以休闲、度假为主体的地方支柱产业,并且增加产业链,生产附属产品,活跃地方经济,获取综合效益。总体上说,我国的温泉开发呈现"疗养—保养—休养—休闲—观光—娱乐"并存的局面。

二、我国温泉休闲存在的问题

(一) 对温泉休闲资源的地带性、脆弱性认识不足

温泉的分布受到地质结构和区域水文、地质条件的影响,有明显的地域性和分带性特征。这一特征造成温泉资源高度集中,同一地域在温泉休闲开发中出现排斥和整合的作用力,处理不好会导致市场争夺无序化、空间竞争白炽化,我国忽视区域联动开发的现象已经不同程度的存在。因此,温泉休闲资源开发前需要进行高水平的统筹规划,合理开发,确保稀缺资源的科学利用,发挥最大的综合效益。从目前我国温泉休闲资源开发来看,对这一点的认识和实施都还不够。温泉是极易被污染的休闲资源,含水层的水质一旦发生变化会对温泉造成严重的破坏,甚至直接影响到温泉休闲资源的正常开发利用。我们对温泉休闲资源脆弱性的认识是不够的,一些休闲区出现没有合理配置足够规模的污水处

理设施、重开发轻保护、旺季过量开采等情况。这些都是只重眼前经济效益而忽视长远的环境效益、社会效益的短视行为,对温泉休闲资源的可持续开发和利用是极为不利的。同时,也反映出这些地方对诸如《矿产资源保护法》等环境保护方面的法律法规没有严格执行,并且缺乏保护温泉方面的专项法律法规,缺乏对温泉地开发的限制机制。

(二)对温泉休闲市场的细分不够

温泉休闲产品的日益丰富,导致同类休闲产品的竞争加剧,异类休闲产品的替代机率增多。这一趋势要求开发温泉休闲产品时必须做好市场细分工作,找到对应的目标市场,产品才有销路。许多地方在开发温泉休闲的过程中,缺乏市场调查的一手资料,缺乏对消费者心理及行为规律的客观分析,对客源市场的结构差异、出游目的的不同、消费能力的高低没有做深层次探究,直接表现为市场细分不够,目标市场模糊。这种因市场细分不够而带来的问题直接影响到温泉休闲的效益,甚至危及其生存。

(三)对温泉休闲的形象塑造不到位

进行温泉休闲开发时必须围绕一定主题进行,而主题的确立要通过对休闲地的形象策划来完成。许多温泉休闲地在开发的过程中由于市场把握不准、市场细分不够,致使休闲地形象策划粗糙、雷同,甚至缺失,从而导致温泉休闲地建设主题不突出、个性不鲜明、文化氛围不浓、服务理念不强。例如,广州从化温泉水质一流、环境优雅、开发悠久、区位优越,曾经是广东乃至我国温泉休闲度假开发的一面旗帜,然而,近10多年来因不注意形象策划和品牌建设,出现了城镇化现象严重、主题混乱、形象不佳不良形象。

(四)温泉休闲区开发模式雷同化

我国温泉休闲的市场需求及消费水平差异较大,具有多层次、多样化特征。而我国的温泉休闲开发模式的单一化、两极化则难以满足日益细化的市场需求。开发模式或"挖池、放水、盖房",出现劣质产品"搭便车"的趋向,或赶时髦、讲豪华呈高端化趋向,也有借温泉开发之名行房地产开发之实的趋向。随着我国经济的持续发展,大众休闲的需求将更加个性化、多样化,需要用不同的模式开发出多功能、多层次、系列化的温泉休闲产品来满足游客的需求。

(五) 温泉休闲产品单一、文化气息不浓

我国温泉休闲产品多限于疗养、洗浴等方面,没有开发休闲、健身、观光、科普、娱乐等综合型项目。由于缺乏对温泉文化的挖掘,致使产品雷同、单一,缺乏特色和竞争力。温泉地的文化气息可以通过温泉地的设施建设、养生洗浴、人性化服务等加以体现。然而,我国讲究文化氛围的温泉地很少,致使游客对温泉文化的体验不深,这对以吸纳短程回头客为主的温泉休闲的长期发展是不利的。在温泉休闲地的设施建设方面,因市场划分不细、开发模式雷同,而出现只注重建筑型态、忽视文化品位、设施建设大同小异、缺乏文化特色的情况。有的是沿用"一个宾馆一个池"、"众人一池"的做法;有的是搬用"城市洗浴城"的方式,千篇一律。在设施建设上体量呆板、庞大,外形粗糙、简单,在景观处理上未注重建筑与环境的自然融合。这种缺乏"以人为本"的设计理念、缺乏文化的"物化"建设所形成的单调的洗浴空间,是无法适应现代人们的生理、心理需求及审美、体验要求的。

(六) 温泉休闲营销不力

目前我国温泉休闲营销存在以下问题:首先,产品无思想,产品没有思想就没有生命力;其次,推广无对象,缺乏市场分析,没有锁定对象来进行市场的推广;再次,由于市场细分不够,市场无重点;最后,推广经费不足,推广费用没有落到实处。仅靠媒体的报道或通过提成和补贴委托旅行社推广,这种方式过于平面化、单一化,难有成效。再就是对温泉休闲的季节性问题认识不够,没有因时间的不同采取不同的营销策略,从而产生旺季不旺、淡季更淡的问题。

(七) 温泉休闲管理有待加强

我国温泉休闲企业具有相对成熟的管理模式的不多,受计划经济时代和私营家族管理模式的影响较深。经营理念创新不够,缺乏现代企业的管理机制,特别是涉及目标管理、绩效考评、激励措施和人力资源管理的机制问题上科学性、实效性不强。同时,在流程化管理、标准化管理、信息化管理方面运用不成熟,对于服务的规范化、人性化,温泉的卫生、安全等问题的管理有待加强。除上述问题外,温泉休闲开发中还表现出创新意识不够、人才资源匮乏等问题。总之,由于我国的温泉休闲起步晚、发展快,加之温泉休闲自身的局限

性，使得温泉休闲开发过程中暴露出许多问题。如何正确地面对这些问题并科学预防、妥善解决，使温泉休闲正面的综合效益得到最大程度的发挥，是我们要集中考虑的问题。

第四节 温泉休闲发展前景及对策

一、温泉休闲的发展前景

随着我国经济的快速发展和人民生活水平的不断提高，人们追求生活质量和生活享受的趋势使得我国温泉休闲产业呈现持续升温的势头。作为温泉资源大国，我国的温泉休闲将进入一个开发高峰。现代温泉休闲产品已由过去单一的疗养功能向保养、休养、观光、娱乐多功能转变，成为以温泉为依托的、几乎包括吃、住、行、游、购、娱等所有方面的综合性产品。每个温泉休闲地应根据各温泉地的实际情况，完善温泉休闲产品功能，并结合温泉地的自然和人文旅游资源，在挖掘温泉文化特色的基础上，进行线路设计，如开辟历史文化与温泉休闲度假旅游线路、名山名水观光、宗教朝圣、民俗风情等线路并进行有机组合，以吸引广大的游客。

国内外温泉休闲度假区的发展演化规律表明，温泉休闲度假区在旅游设施和项目上，从简易化、单一化向高层次、多样化发展；在环境营造上，从忽视环境的营造到追求高质量的环境，从室内封闭的沐浴环境转向建设露天温泉；在休闲功能上，从单纯的温泉治疗，到温泉治疗与休闲娱乐并重，再到多种休闲功能综合发展的演变。因此，可以预测，营造高质量的度假环境，提供多样化、高档次的康体休闲产品，具备舒适周到的休闲服务，以及塑造鲜明的文化特色将成为温泉休闲度假区发展的新趋向。这些趋向具体表现在以下几个方面（见表1-1）。

表1-1 国内温泉旅游度假区发展的新趋向

产品类型	市场需求	目标市场	产品组合	重点项目
商务温泉休闲	高端商务政务休闲	政府机关、企事业单位	温泉+年会 温泉+度假 温泉+运动休闲 温泉+休闲地产	温泉型商务会所,温泉养生度假酒店,温泉别墅,温泉高档小区,高尔夫球场,狩猎场,马术俱乐部
	会展、培训	政府机关、企事业单位	温泉+会展 温泉+拓展 温泉+观光 温泉+购物 温泉+运动休闲	会展中心,会展公司,温泉会议酒店,运动场馆
主题温泉休闲	银发养生	"有钱有闲的"的老年人及家庭	温泉+疗养 温泉+养老 温泉+乡村休闲 温泉+度假 温泉+休闲地产	生态农业园,敬老院,温泉银发公寓,温泉小区,医疗所
	美容美体	女性消费者	温泉+SPA 温泉+瑜伽 温泉+美容	
	自驾移动休闲	自驾车爱好者,小康家庭	温泉+观光 温泉+乡村休闲 温泉+运动休闲	温泉型汽车旅馆,生态农业园,运动场馆
温泉运动休闲	特种休闲	摄影、探险、攀岩、蹦极、滑翔等特种爱好者	温泉+运动休闲 温泉+特种 温泉+拓展	狩猎场、高尔夫练习场、马术练习场
	国际人士文化休闲、保健	外国人士	温泉+历史文化 温泉+运动休闲	温泉型总部会馆
温泉生态休闲	大众休闲	市民近郊休闲市场	温泉+观光 温泉+运动休闲 温泉+乡村休闲 温泉+拓展 温泉+购物 温泉+娱乐	温泉度假村,生态农业园,运动场馆

（一）康体性

温泉康体功能是温泉休闲度假区赖以发展的基础。现代康体观念不仅仅是指温泉疗养的物化享受，还包括精神心理层面的保健，因此，温泉休闲在提供高档次的温泉沐浴方式、多样化的康体健身、运动休闲、观光娱乐项目外，还应具备现代化的疗养设备、诊所、治疗设施以及专业化的疗养医生，以使休闲者同时能得到身体和心理的保健效果。

（二）生态性

高质量的生态环境是温泉休闲度假区必备的条件之一，也是吸引休闲者的主要因素之一。对生态环境的保护与营造就是树立可持续发展的观念，遵循天人合一、融合自然的造园理念，对度假区周边自然生态环境严格保护，同时营造与生态环境相协调的人工建筑环境，形成人与自然和谐共处、水乳交融的休闲境界。

（三）多样性

季节性差异是休闲度假区发展难以回避的问题，温泉休闲度假区因温泉资源的特殊性使其旅游市场淡旺季更明显。在立项选址和规划建设时，休闲度假区尽量要考虑四季都可以开展旅游活动，充分利用除温泉外的其他休闲资源建设多样化的互补型景点与项目，开展会议旅游和举办节庆活动，使休闲区具备多样化的功能。

（四）舒适性

舒适性是休闲度假区的基本要求。温泉休闲度假区的选址应在具有舒适的大小气候、便捷的交通条件的区域，同时营造宽松、文明的社会环境，舒适、清洁、安全的住宿设施，一流的饮食服务，方便的通信设备等，为旅游者提供一个舒适的游览环境。

（五）文化性

文化是休闲度假区的灵魂，也是休闲度假区的重要旅游吸引要素。温泉休闲度假区的文化由地域特色文化、人工建筑文化、沐浴文化和服务文化共同组成，以形成具有鲜明的地方特色文化和强烈休闲认同感的休闲目的地，如日本温泉的"风吕文化"、御温泉的"御式文化"等。

温泉休闲度假区正处于一个快速发展的阶段,但作为一种内陆休闲度假区类型,温泉休闲度假区将面临海滨休闲度假区的激烈竞争,温泉休闲度假区应该根据不同的资源条件和区域背景走多样化的发展模式,营造高质量的环境、提供多样化和高档次的休闲产品、同时塑造具持久吸引力的文化品牌是温泉休闲度假区发展的根本。只有如此,才能实现温泉休闲度假区的持续发展。

二、我国温泉休闲的发展对策

(一)成立行业协会,建立行业标准

我国数以千计的温泉分属不同的行政区划单位、所有者和经营者。目前,我国从事与温泉有关的休闲企业数以万计,但是国内尚未建立相应的行业协会,缺乏必要的规范,所以在温泉资源的开发利用过程中,造成资源浪费和重复建设等现象也在所难免。为推动我国温泉休闲业的发展,把我国温泉休闲建成一个国际知名的、统一的休闲品牌,在国际上争得一席之地,就必须建立一个统一的全国性的温泉休闲协会,通过协会建立行业标准,并使之制度化、规范化。这既是行业发展的需要,也是国际惯例,在国际上已经有了不少成功的先例。

(二)挖掘温泉文化,树立品牌意识

温泉在我国有几千年的开发利用历史,已经有了深厚的文化积淀。要把我国的温泉休闲业做大做强,就应该大力挖掘其文化内涵,突出其独特的文化品位,因地制宜开展丰富多彩、形式多样的各种文化活动,如举办"温泉节"、"电影节"等,使温泉在用于治病、疗养的同时,还与当地文化紧密联系,形成独具特色的温泉文化。产品的品牌,只有与文化紧密联系,突出文化内涵,才能经久不衰。温泉旅游产品也不例外。如珠海的"御温泉",突出一个"御"字,其文化内涵丰富多彩,极大地满足了游客的不同需求;西安骊山温泉的华清池,恢复了唐朝华清宫两园(芙蓉园、梨园)沐浴娱乐项目,再现了盛唐的沐浴文化,扩大了温泉沐浴的场所和种类,开发了系列药浴、花瓣浴等沐浴产品,受到游客的热烈欢迎。

(三)加强人才培养,提高宣传力度

人才是企业特别是以文化为基础和灵魂的温泉休闲企业生存和发展的根本

保证。随着温泉休闲的发展和市场竞争的加剧,人才逐渐成为温泉休闲健康、可持续发展的关键。人才的缺乏往往使温泉休闲企业无所适从,难以为继;更谈不上扩大经营,树立品牌。为此,国家有关部门、地方政府和旅游企业应该加大对温泉休闲类人才的培养力度,保证有一定数量和水平的人才参与到温泉休闲的开发与管理之中。这样既解决了企业的用人渴求,又可提高高校毕业生的就业率。

温泉休闲在我国还是一种新型的休闲产品,需要做好宣传推广工作,才能以最快的速度和最广的范围为广大国民所接受。当然,宣传的形式可以多种多样,如文字宣传、形象宣传、联合宣传、节庆宣传等。总之,要因地制宜、因人而异、因陋就简,要具体问题具体分析,力争以最小的代价达到最大的宣传效果。

三、温泉产业——双产业链条与聚集效应

温泉休闲,已经从个别性的休闲项目,逐步转化为温泉沐浴、桑拿、按摩、SPA、药浴、健身、体检等结合的休闲产业链及康复疗养产业链的双产业交织结构形态。温泉休闲形成了多元休闲产业聚集的大型区域休闲结构,旅游休闲产业聚集区已经大量出现,我们把这种以温泉为核心的产业聚集现象,称为温泉休闲聚集效应。

从康复疗养到休闲集聚,温泉产业在中国走过了 20 年的道路。中国温泉休闲正处于康复疗养向大众休闲、养生保健的过渡发展期,巨大的聚集效应,使我们不得不把温泉当成中国休闲第一产业。可是另一方面,低成本的取水开店的开发模式,导致很多温泉景区产品同质,主题单一,缺乏内涵,一旦经营状况的不理想即刻会导致后续投入的不足,制约温泉休闲市场发展和阻碍行业进步。

我们必须系统研究温泉休闲的产业化特征,研究产业聚集模式、温泉游憩的新模式、温泉文化的发展与创新,从而实现温泉产业化的发展。

四、温泉休闲是整合休闲产业的引擎

从被整合到整合,温泉休闲资源对于旅游开发的主体作用越来越大,成为能

够带动区域泛旅游产业发展的新动力。特别是依托经济较为发达的大中型城市,交通便捷,区位优势明显,周边范围汇集较高品味观光、休闲旅游资源的温泉,都可成为泛旅游产业的整合资源(会议会展、体育运动、农业观光、博彩、娱乐、购物等,都属于泛旅游产业的范畴)。由此,形成了一大批温泉休闲度假区、温泉小镇、温泉城和温泉城市。

为使温泉休闲成为众多特色旅游产品中的亮丽的风景线,实现温泉休闲产业化,使温泉旅游成为我国旅游经济新的增长点,必须处理好开发与定位的关系,即处理好经济效益与文化的关系、短期效益与可持续发展的关系等。同时,为更好地指导温泉休闲开发实践,还要注意三个方面内容:第一,在温泉休闲开发规划方面,既要注意总结现有温泉地休闲开发规划成功经验或案例,并提升到理论高度;又要注意用现有的休闲开发规划理论指导开发规划实践。第二,在温泉休闲市场开发方面,要注重休闲者的休闲行为规律和需求特点、客源市场地域结构等方面的研究。第三,越来越多的迹象表明,休闲度假旅游将成为 21 世纪旅游需求的主体,温泉休闲度假区将会是休闲度假旅游目的地的重要类型之一。

第五节　温泉休闲案例研究

一、日本温泉开发案例

(一)日本温泉开发历史简介

日本地处菲律宾板块、太平洋板块、欧亚板块交会点,多火山地震,温泉资源丰富。公元 737 年,日本第一家温泉浴池诞生在出云,经过一个世纪的发展,日本的温泉旅店已经成型,除了温泉服务之外,精美的食物、舒适的住宿、参禅的花园,成为一直延续到今天的"日式风吕"模式。古代的温泉主要是作为贵族、僧侣治疗和社交的场所,到 19 世纪初,温泉开始走向民间,但开发速度比较缓慢。"二战"以后,温泉在日本才开始迅速发展,去温泉区旅行也成为许多家庭的年度活动。据统计,2004 年日本共有温泉地 3114 处,各类温泉 27 644 个,开发利用的有18 925个,占总数的68.5%。从方式上来说,逐渐由疗养型温泉地转变为观光享乐型目的地。目前,观光享乐型温泉在日本所占比例已经达到83%,因此,观光享乐型温泉地也被认为是日本温泉旅游发展的主流。

从最初的治疗和佛教用途,到20世纪60年代的公司聚会的场所,到20世纪80年代的家庭度假的目的地,日本温泉不断发展。但是,与欧洲不同,日本温泉从一开始就建立了很好的休闲度假的模式,是一种健身、放松、沉思的过程,包含了美食、住宿、娱乐等各种休闲度假的要素。经过千年的世事变迁,光临温泉的客户在不断改变,但是温泉的模式却一直延续下来,形成了独特的温泉文化,成为一种艺术,为世界各地的人所欣赏。

(二)日本温泉特点

日式温泉以温泉为基础的"温泉+美食+静养+观光娱乐"多元素合成体。从第一家温泉浴池诞生在出云开始,经过一个世纪,"日式风吕"的基本模式逐步确立下来。温泉、美食、静养、观光娱乐相结合成为日式温泉的主要代表。

传统氛围的营造:传统的氛围、优质的住宿条件、安谧的花园,是修身养性、参禅沉思的最好去处。静养也成为日式温泉体验中不可或缺的一部分。

美食:精美的食物一直都是日式温泉的一个重要组成部分。去温泉度假区享用美食是现代人享受生活的一种方式。

观光:温泉区已经成为观光游憩目的地。目前观光型温泉地在日本所占比例达到83%,被认为是日本温泉旅游发展的主流。

家庭型的度假:全家一起沐浴一直是日本的传统。一起去温泉度假成为现代日本度假的一种方式,甚至成为风俗的一部分。随着时代的发展,日式温泉和家庭旅游很好地结合在一起,开拓出适合家庭度假的衍生产品。

(三)日本北海道山形县藏王温泉滑雪度假村(Yamagata Zao Onsen Ski Resort)

1. 藏王温泉介绍

藏王温泉滑雪度假村位于日本著名滑雪胜地北海道的山形县东南方20公里处藏王国家公园中(Zaō Quasi - National Park),拥有火山、火山湖、温泉和山脉等。它是日本五大温泉滑雪区之一,也以其温泉度假和美景观光闻名。度假村充分利用周边资源,营造出成功的温泉度假目的地的氛围,使得游客在度假村里能够享受各种体验,温泉只是核心吸引力的组成部分。

2. 藏王温泉滑雪度假村的特点

温泉、观光、美食、民俗文化相结合,构成四季皆宜的度假胜地

温泉:藏王温泉是有千年历史的温泉乡,其温泉是硫黄泉,并含有明矾质,有益皮肤。冬季边泡温泉,边欣赏雪景山色,是莫大享受。度假区共有3个公共汤池,3个大型露天温泉设施,每家酒店也有温泉设施。在夏季,游客可以去山谷的大型汤池。

观光:藏王温泉滑雪度假村包含滑雪场、温泉和山城小镇。滑雪场紧邻温泉村落建立,从缆车中或者滑道上远眺,可以领略雪景中的山城小镇之美。由于当地特殊气候条件所形成的"树冰"是当地独有的奇景。此外,附近的松岛是"日本三景"之一。这些都是吸引游客光临度假村的要素。

美食:当地美食也是一大特色吸引物,传统小食品有稻花饼和汤之花。此外,五花牛肉、冬季的炖菜也是当地特色菜肴。度假区内分布有多家日式餐馆,经过一整天的运动观光,美食是最吸引游客,提高游客满意度的元素。丰富的美食本身也具有强大的吸引力,吸引游客不断光顾。

民俗文化:藏王地区有许多寺庙,为祈求地藏菩萨和诸神庇佑,每年都要举行诸多的祭祀活动。按照当地风俗,藏王温泉也会举行一些大祭活动。特别是在冬季,一般都会举行日本的传统活动雪祭,并且每年会举行为期两天的藏王冰树祭。这些活动和度假紧紧结合在一起,成为吸引游客的另一要素。

四季目的地:在冬季,藏王雪场有4条箱形缆车,35条空中缆椅,为观光和滑雪两用。位于海拔800~1660米的滑雪坡地共有15个滑雪斜坡,12个滑雪场地。滑雪道距离最长为9公里。这里也有滑雪学校和富有经验的教练。丰富的滑雪运动让游客整个停留过程都有刺激的活动参与,提升整体游客的体验性与参与性。

在夏季,藏王度假区是避暑的好去处,这里丰富的自然景观为开展户外运动,特别是徒步旅行,提供了良好的条件。此外,还可进行网球、山地自行车、跳伞等项目。春季、秋季时,丰富的森林资源提供了绚烂的春景、秋景,一直是日本

户外登山的好去处。

二、德国巴登－巴登温泉

(一)巴登－巴登温泉简介

"Baden－Baden"在德语中是洗澡的意思,巴登的名字就由此而来。巴登－巴登位于斯图加特以西70公里,海拔161米,面积140平方公里(包括城镇和乡村),其中61.5%为森林覆盖,有5万多人口,自然环境优美,气候温和,是德国最负盛名的温泉疗养胜地,素有"欧洲的夏都"之称。这里既有高雅的温泉、世界上最漂亮的赌场、国际赛马、豪华的购物场所、欧洲排名第二的歌剧院和一流的酒店,又是国际节庆会演之城和国际会议之城,并且,体育运动、文化、餐饮、健身等服务既丰富多彩,又水平一流,每年就要接纳世界各地的60万名富豪来这里休闲。

巴登－巴登的温泉水来自于地下约2000多米的泉眼,温度由52℃～67℃不等,大部分温泉水都是自然涌出,还有一些是钻探出来的温泉井。巴登温泉是食盐泉,不但可以饮用,而且有医疗的作用,可以治疗心脏动脉疾病、风湿病、妇女病和呼吸道疾病,被公认为是世界上最好的温泉之一。

(二)巴登－巴登温泉发展历程

19世纪,世界上所有的大人物都在巴登—巴登住过,包括许多政治家和文人墨客。早在公元1世纪,古罗马人就在这个山谷里发现了温度高达69℃的温泉,开始建造大型的沐浴场所。16世纪,此地发展配药及制药业,与温泉治疗相辅相成。1862年,法国人在此设立赌场、戏院、歌剧院,法国赛马俱乐部亦成立赛马场,尔后此区成为全欧洲夏季休闲之都。

(三)巴登－巴登温泉成功要素分析

1. 良好的温泉度假设施

巴登巴登两个最出名的温泉浴场,一个是腓特烈里希浴室,另一个是卡拉卡拉温泉浴场。

(1)腓特烈里希浴室:建于两千年前的罗马浴池遗迹上,以其马赛克石子图案著称。它保留了传统浴场的模式,著名的肥皂刷按摩泡澡全套需时约3小时,有暖、泡、蒸、洗、冲、动、冷、擦、按摩、涂油、泥澡与静养等16种不同的程序,分别在不同的温度下在不同的地点进行,与其典雅高贵的罗马式建筑风格相得益彰。这里以天体浴闻名,每周只有两天男女分浴,其余日子均需男女共浴。这里最具特色的是"罗马—爱尔兰浴",历时两小时,有十几道程序,如洁身、热身、盆浴、池浴、热水浴、冷水浴,还有蒸汽浴、天然泥泉浴、碳酸浴以及按摩等。

(2)卡拉达拉浴池:用白色大理石建成的,富于现代感,内有多个室内温泉、露天温泉池,还有蒸汽浴、矿泥浴、按摩等。在室外,除了可以享受优美的景色外,淋浴的形式也很多,特色之一就是模仿各种高度的山泉瀑布或湍流,令人别有一番体验,甚具现代感。巨大的圆形屋顶也用玻璃制成。躺在沙滩椅上,仰头看去,朵朵白云从眼前飘过。

2. 世界上最美的赌场 Kurhaus(休闲宫)

世界上最美的赌场 Kurhaus(休闲宫),是巴登-巴登最美最重要的建筑物之一,也成了这座城市国际性的标志,是巴登-巴登的社交中心和高雅的娱乐中心,也是豪华盛会、舞会、大型音乐会与媒体活动的举办场所。它是世界上最美的赌场,宫殿式的建筑、金碧辉煌的内部、美轮美奂的壁画和雕刻,每一个细节都透着贵族气派和奢华之风。据说,每年有60多万名富豪从世界各地飞来这里豪赌。

3. 度假饭店与会议设施一站式服务

布莱娜公园大饭店提供非常专业和细分的 spa 服务(被誉为 spa 中的 spa)以及非常好的环境,它的后花园被茂盛的古树严实地笼罩起来,以溪流为天然屏障与外界隔离开来,并拥有享誉世界的神奇热泉、顶级的专业设备和水疗。

4. 赛马、高尔夫等运动久负盛名

赛马,每两年一次的国际赛马盛事使巴登-巴登成为赛马爱好者的聚集地。"春会"(6月)和"大赛周"(9月)不仅吸引了广大的马迷,而且还有很多社会名流前来。巴登-阿尔萨斯高尔夫球区,在巴登-巴登及其周围共有9处球场。这里运动设施齐全,可以进行网球、骑马、山地自行车、徒步旅行、登山、乘热气球等多项活动。

5. 葡萄园健康休闲区

巴登是德国第三大葡萄种植区,结合气候等外在条件优势而成为德国首要

的健康休闲区。在巴登-巴登葡萄种植区,品尝美酒的田园式村落星罗棋布。酒店也有很多,如灯笼饭店、德国南部的顶级餐馆"阿尔德·戈特"餐馆、坐落在巴登-巴登葡萄园中心的庄园饭店以及典雅的法兰西园。

三、珠海御温泉度假村

(一)珠海御温泉度假村简介

珠海御温泉度假村于1998年建成开业,占地50公顷,投资0.6亿港币。度假村坐落于田园风光秀丽的珠海斗门黄杨山下,现有天然泉眼两处,深度为150米,出口水温70℃,属高温氯化物-偏硅酸型医疗温泉水,经权威专家化验,御温泉水含有极其丰富、有益人体健康的矿物质元素,如偏硅酸、溴、硒、铁、铜、锶等,对风湿病、神经性骨痛、消化道等多种疾病都有特殊疗效,还能起到舒筋活络,强身健体,润肤养颜,安神定神,抗衰老等作用。

御温泉目前拥有温泉养生沐浴、田园风味餐饮、太医五体调养、趣味康乐配套、会务等设施项目,设有天然温泉华兴池、花草温泉、木温泉、咖啡温泉、酒温泉、瀑布温泉、音波喷射温泉、石温泉,以及成人、儿童温泉游泳池和设备齐全的豪华健身中心等10余种不同类型的温泉浴服务,并建有10多套独立室内温泉浴池的园林式贵宾休息房,还配有大型蒸汽浴和桑拿浴室及40多间标准按摩、推拿室,供游客浴后接受保健按摩,增强泉浴的疗效。作为中国第一家盛唐风格的露天温泉,御温泉将温泉服务设施与周边自然环境完美融合,在泡汤时享受风景、在自然中放松心情,是露天温泉最吸引人的地方。

御温泉开业至今8年,累计接待游客500多万人次,其温泉度假酒店投资回收率、游客入住率创我国星级酒店最高指数,高峰时客房利用率在100%以上。

(二)御温泉的成功要素分析

1. 文化为魂,处处皆文化

御温泉深入挖掘我国丰富灿烂的温泉文化,以盛唐文化为基点,形成了"盛唐新风,尊贵独有"的品牌文化。在系统的品牌文化建设中,以"龙形墨宝"为品牌的视觉象征,而品牌文化载体就是"御泉道"。"御温泉"已成为旅游者心中的温泉旅游知名品牌,也成了合作者心中的品质保证。在产品开发上,御温泉以中国传统文化精髓为指导,创造性地开发了太医五体全息调养法等一系列丰富产品。

2. 市场导向

御温泉特别注重市场分析与市场开发,自1998年开业以来,经过对消费者市场的分析,开发了独特的盛唐新风、热情的御式服务等项目。独特的温泉服务和风格,让许多客人流连忘返,而回头客的再访也占了很大的比重。

3. 独特的个性化服务理念

御温泉推崇"御"式服务理念,突出"一个微笑、一句问候、一个敬礼,一条毛巾、一双拖鞋、一杯茶水、一把雨伞、一只白手套"的"八个一家庭式亲情服务"。

4. 卓越的管理模式

御温泉本着"人无我有,人有我新,人新我优,人优我转"的经营理念,坚持以"健康"为核心的品牌经营路线,弘扬"协力、开拓、高效、一流"的企业精神,以"感情服务"为酒店服务之灵魂。

5. 优秀员工的培养

御温泉深谙"员工是企业最宝贵的资源"的道理,2002年,它与广东韶关大学合作创办了中国首个温泉旅游管理专业大专班,培养、造就温泉旅游经营管理的专业人才。作为学习型的企业,御温泉不但重视员工的培训,还积极为员工的发展创造良好环境。2004年,御温泉投资近千万建设的员工综合楼建成并投入使用,除了星级酒店般的生活设施外,还特别设立了员工素质培训基地,关注员工综合素质的发展。"让客人满意首先要让员工满意",御温泉的感情化管理激发了员工的积极性、主动性和创造性,换来了员工对客人感情化的服务,也为御温泉的跨区域发展、输出管理提供了原动力。

6. 品牌输出

在成功经营珠海御温泉、树立"御温泉"品牌的基础上,积极地向张家界江垭温泉度假村输出经营管理模式,与石家庄国大集团、陕西零五一基地合作成立合资公司,大力打造御温泉未来的品牌项目,建立温泉文化村、温泉度假村、温泉国际会议中心等,把尊贵的中国温泉文化输送到了具有丰富温泉资源的陕西省、河北省等地区,让更多的人了解中国的温泉文化,体验御温泉的温泉服务和温泉理念。

四、北京九华山庄案例

(一) 九华山庄简介

1. 九华山庄规模

九华山庄是由北京九华集团投资的民营企业。1997年开始建设,1998年营业,现已位列全国度假酒店前列。8年来,九华山庄从4万平方米发展到33万平方米,营业额从5000万元到超过6亿元,山庄的员工人数达到5000人,资产总计21亿元。规划中的六期工程是大型主题公园,有9个足球场大,七期工程是室内运动中心。

2. 九华发展历程

1995年春,北京九华山庄公司成立。

1997年9月,九华山庄一期工程五大殿及汤泉行宫建成并正式开业。当时山庄主营业务为温泉及保健疗养,经营面积6万平方米,有员工456人。

1999年,九华山庄年营业收入9200万元,高居北京市郊区度假酒店之首。

2000年,九华山庄营业面积增至10万平方米,年营业额1.11亿元,上缴利税416万元,成为北京市郊区度假酒店中唯一年营业额超亿元的企业。

2001年,九华山庄二期工程九华会议中心、会展中心和国际运动中心建成。山庄主营业务延伸至会展、运动市场,营业面积增至11.5万平方米,员工增至1000多人,年营业额达到1.52亿元,上缴利税536万元,同时被评为涉外旅游四星级饭店。

2002年,九华山庄三期和四期工程九华国际体检中心和九华大饭店先后投入运营,主营业务扩展至健康体检领域,营业面积达15.06万平方米,年营业收入突破2亿元,资产规模增至16亿元,上缴国家利税681万元。

2003年,虽然众所周知的"非典"对酒店业造成了难以估量的影响,九华山庄营业额仍然达到了2.5亿元,员工增至2000多人,营业面积增至16.56万平方米,上缴国家利税1168万元。

2004年,九华山庄尝试向北京以外的地区扩张。北京CBD体检中心、天津体检中心相继开业,山庄年营业收入达到3.4亿元,排名北京市600多家星级酒店第四位。

2005年,随着九华国际会展中心大酒店的开业,九华山庄总营业面积增至33万平方米,客房数达2400间套,一跃成为中国最大的单体酒店。

(二)九华山庄成功要素

1. 准确市场定位,完善产品功能

九华对市场进行了准确的定位,并且根据市场的发展不断调整,最终获得市场成功。从最初的温泉开始,一步一步发展壮大,突破了温泉市场的制约,不断扩大客源,实现对整体市场的把握。现在4块盈利板块都自成体系,同时互相支持,构成统一的整体。4块板块都为九华带来了明确的收益。一是温泉,每年的营业额是6000万元。二是医疗和保健。九华国际体检中心,年接待10万人次左右,年营业额3000万元。三是康体娱乐。康乐宫投入1.1亿元,共有32个保龄球的球道。2001年兴建了运动中心,2003年又建了5A级电影院,完善了九华作为综合度假区的娱乐功能。四是会展功能。因为有了会展设施,大大扩大了九华的客源范围。目前,九华平时入住率达70%,周末100%,会议接待成为九华的一大亮点。

2. 从规模见效益

目前,中国度假村规模集中在100个至200个房间,大部分都亏损。九华集团认为搞度假村小而全不行,一定要提升规模。九华的房间数现在是全国第一,近期将达到1万间客房。规模大带来的优势是成本的降低。九华的广告费开业初期是营业额的5%,现在是1%,酒店规模加大实际对竞争有利。

3. 平价战略,客房收入不是收入的主要来源

九华理念是要让普通百姓能玩得起。在有效的成本控制之下,房价不能太高。度假酒店与商务酒店很大的不同在于,商务酒店是客房收入占大头,但度假酒店收入的主要来源是吃、玩、娱、购,而不是客房。深谙这个道理的九华所采用的平价战略目标并不是要降低总体消费,而是利用降低的房价吸引更多其他的消费。

4. 持续创新能力

九华山庄的九华体检中心、九华欢乐大世界、九华温泉主题公园、九华国医堂等这些特色服务是京城其他酒店所不具备的。这些特色产品不仅自身在创造效益,更重要的是带动了住宿、餐饮等酒店经营的整体消费。

从九华创业之日起,九华山庄就把创新视为企业的生命。10年前,九华山庄提出了户外温泉的休闲概念,建立了独具特色的温泉主题公园;5年前,九华山庄提出了健康体检的概念,建立了国内最早的专业化的健康体检中心;3年前,九华山庄提出了把会议、展览与旅游相结合的新产业概念,打造出京城第一家集专业会展与休闲旅游于一体的综合型度假酒店。现在,九华山庄又提出建设休闲主题公园的概念,将景区、酒店、会展、体检等多种功能组合,打造一个能够满足全方位需求的旅游大社区,努力培育和提前感知未来时尚消费的潮流。所有这些以创新为指导的前瞻性战略决策,使九华山庄在激烈的市场竞争中每一步都领先于对手、同业,并帮助九华山庄取得了巨大的商业成功。

第二章 滑雪休闲规划与案例

第一节 滑雪的定义、类型

一、滑雪的定义

滑雪是"冬季休闲"的重要组成部分,以气候休闲资源和冰雪休闲资源为主要休闲吸引物,以雪上运动为内涵、冰雪观赏为外延,表现为冰雪观光、冰雪度假、冰雪文化等休闲形式,是以"六大要素"综合服务为主要内容的一种专项旅游产品,具有很强的观赏性、参与性、趣味性和刺激性。

滑雪运动从历史沿革角度可划分为古代滑雪、近代滑雪、现代滑雪;从滑行的条件和参与的目的可分为实用类滑雪、竞技类滑雪和旅游类(娱乐、健身)滑雪。实用滑雪多用于林业、边防、狩猎、交通等领域,现已多被机械设备所替代,逐渐失去昔日的应用价值。竞技滑雪是将滑雪升华为在特定的环境条件下,运用比赛的功能,达到竞赛的目的。娱乐健身(旅游)滑雪是适应现代人们生活、文化需求而发展起来的大众性滑雪。

滑雪运动(特别是现代竞技滑雪)发展到当今,项目不断在增多,领域不断在扩展,目前世界比赛正规的大项目分为:高山滑雪、北欧滑雪(又称越野滑雪、跳台滑雪)、自由式滑雪、冬季两项滑雪、雪上滑板滑雪等。

二、滑雪的类型

(一)高山滑雪

起源于北欧的阿尔卑斯地区,故又称阿尔卑斯滑雪。高山滑雪是在越野滑雪基础上逐步形成的。1850年,挪威的泰勒马克郡出现改变方向和停止滑行的旋转动作。1868年,挪威滑雪运动奠基人诺德海姆等人在奥斯陆滑雪大会上表演了侧滑和S形快速降下技术。1890年,奥地利的茨达尔斯基(Matthias Zdarsky)发明了适合阿尔卑斯山地区特点的短滑雪板及滑行技术,1905年,他在维也纳南部的利林费尔德进行了高山滑雪史上第一次回转障碍降下表演。1907年,英国创立阿尔卑斯滑雪俱乐部,这是世界上第一个高山滑雪组织。1910年,奥地利的比尔格里上校(George Bilgeri)组织具有军事性质的高山滑雪学校,第一个采用深蹲姿势持双杖快速下降、制动转弯的滑法。1921年,英国的伦恩(Arnold Lunn)在瑞士组织了高山滑雪史上的首次回转和速降比赛。1922年,奥地利的施奈德(Hennas Schneider)创办高山滑雪学校。1931年起举办世界高山滑雪锦标赛。1936年起,高山滑雪被列为冬奥会比赛项目。

(二)自由式滑雪

自由式滑雪始于20世纪60年代,是在高山滑雪的基础上发展而成的。1971年,在美国新罕布什尔州举行世界上第一次正式的自由式滑雪比赛。1975年起开始举办世界杯自由式滑雪赛。1986年,在法国阿尔卑斯山的蒂恩镇举行了首届自由式滑雪锦标赛。1992年起,自由式滑雪被列为冬奥会比赛项目,设男、女空中技巧(1994年列入)和男、女雪上技巧(1992年列入),男、女雪上芭蕾于1988年、1992年被列为冬奥会表演项目。1994年冬奥会将这一项目列为正式比赛项目。

(三)跳台滑雪

跳台滑雪起源于挪威,又称跳雪。1860年,挪威德拉门地区的两位农民在奥斯陆举行的首届全国滑雪比赛上表演了跳台飞跃动作,后逐渐成为一个独立项目并得到广泛开展。1879年,在奥斯陆举行了首届跳台滑雪比赛。1883年,跳台滑雪被列入霍尔门科伦滑雪大奖赛。19世纪末,先后传入瑞典、瑞士、美国、法国、意大利和波兰等国家。初期的跳台滑雪利用山坡等自然地形进行,19 世纪 80 年代开始出现土木结构的跳台。随着空中滑翔技术的提高,新的跳台设计也不断出现,1926 年,瑞士在格劳宾登州的蓬特雷西纳建成 60 米级跳台,1927 年又在圣莫里茨建成 70 米级跳台。自 1925 年起开始举办世界跳台滑雪锦标赛。

(四)冬季两项

现代冬季两项——雪上运动项目之一,它是越野滑雪和射击相结合的运动,要求运动员身背专用小口径步枪,每滑行一段距离进行一次射击,最先到达终点者即为优胜。它起源于挪威,与人们在冬季的狩猎活动有关,是一种滑雪加射击的比赛。1960 年,第 8 届冬奥会将这一项目改称冬季两项并列为正式比赛。1992 年,第 16 届冬奥会增设女子比赛。

三、滑雪休闲的含义与分类

(一)滑雪休闲的含义

滑雪休闲是体育休闲的一种,是休闲产业与滑雪产业交叉渗透产生的一个新的领域。随着滑雪产业的蓬勃发展,滑雪活动的休闲价值逐渐显现,成为一种备受欢迎的大众性休闲活动。

顾名思义,作为休闲市场的一种新产品,滑雪休闲就是以滑雪资源为基础,通过各种滑雪活动来规划、设计、组合相关产品,以引起人的消费欲望与需求,进而参与感受滑雪活动与大自然情趣的一种新休闲形式。

(二)滑雪休闲的分类

1. 根据体验方式划分

根据游客的休闲体验方式,滑雪休闲可分观赏型和参与型。观赏型滑雪休闲是指为了观摩某项滑雪赛事而到某一目的地旅游,如冬季奥运会滑雪比赛等世界顶级滑雪盛事吸引了来自世界各地的休闲者;参与型滑雪休闲则是游客为了参加一些体验性滑雪运动专门到某一目的地休闲,如到东北的亚布力滑雪场滑雪等。参与型滑雪休闲属于真正意义上的滑雪休闲,也是本文着重阐述的,它具有很强的参与性、观赏性、趣味性和刺激性,可满足人们观冰戏雪、健体强身、回归自然、挑战自我、增长阅历与知识、寻求异质文化享受的需求。

2. 根据场地划分

根据滑雪场地进行划分,分为室内滑雪休闲和室外滑雪休闲。2005年8月开业的北京乔波冰雪世界开创了北京"室内滑雪"的先河,从此打破了京城"一季滑雪、三季滑草"的旧有格局,喜爱冰雪运动的人们将不必再忍受春、夏、秋三季的漫长等待。不过,现在绝大多数滑雪场都属于室外滑雪休闲。这两种滑雪休闲可以在不同的时间点满足不同消费对象的不同需要。

第二节 滑雪休闲的起源与发展

一、滑雪休闲的起源

(一)国外滑雪休闲起源

目前,世界滑雪研究者多数人认为,滑雪运动起源于北欧的挪威、瑞典等国,在挪威首都奥斯陆以北185公里的利勒哈默尔,距今4000多年的壁画上就有古人滑雪的形象,这里应被誉为世界滑雪的故乡。挪威人对世界滑雪运动的发展做出了突出的贡献,在奥斯陆的滑雪博物馆里,陈列着1500年前的滑雪板样品,这是至今见到的最早的滑雪板。

(二)国内滑雪休闲起源

关于中国滑雪的记载,最早见于《隋书》,在距今1300~1400年前,居住在黑龙江省大兴安岭地区的室韦族,以"射猎为务,食肉衣皮……地多积雪,惧陷坑井,骑木而行","骑木而行"即指滑雪。

据《黑龙江志稿》记载,"赫哲人捕兽之器曰踏板,值雪深数尺,以木板长5尺贴缚两足,手持长竿,如泊舟之状……瞬息可出10余里……凡逐捕貂鼠各物十无一脱,运转自如,虽飞鸟有不及也"。他们在300年前制造、使用的滑雪板及滑雪方法已近似于现代滑雪装备及技巧。

二、滑雪休闲的发展历程

（一）国际滑雪休闲的发展历程

1877年,在奥斯陆成立了世界上第一家滑雪俱乐部,1880年,在此地创立了滑雪学校,1883年,成立了全挪威滑雪联合会,1886年,在挪威举办了近代第一次滑雪比赛。

19世纪中叶,在欧洲阿尔卑斯山地产生了高山滑雪运动。到1890年前后,在奥地利、瑞士、意大利和法国等国正式出现了滑雪比赛。1924年,第一届冬奥会在法国夏蒙尼举行,从此掀开了世界竞技滑雪的新篇章。

目前,世界上已形成三大滑雪休闲地区,即欧洲、北美和东亚,每个休闲地区都有各自的客源市场范围,主要吸引来自本地区的滑雪者。就东亚而言,滑雪地集中分布在日本、韩国和我国东北区,除了吸引本国、邻国滑雪者外,也是东南亚滑雪休闲者首选的出国目的地,据报道,每年仅东南亚及其附近地区就有40万人次去日本北海道滑雪,为当地带来了可观的经济收益。

（二）滑雪休闲在我国的发展历程

我国现代滑雪运动大体上可分为以下三个阶段,20世纪50年代以前、20世纪50年代到80年代、20世纪80年代以后。

20世纪30年代初,日本人在黑龙江省玉泉修建了我国第一座竞技和休闲滑雪场(现在的阿城体校滑雪场)。1943年2月,有意大利、德国、日本三国运动员参加的滑雪比赛在吉林市北山滑雪场举行。在半殖民地半封建社会的旧中国,滑雪运动为外国殖民主义者及其国民所享受,中国所能做的,只是为其提供无任何报酬的滑雪运动场地。

20世纪50年代后,滑雪作为一项体育运动,只限于少数人参加。滑雪场基本上是体育部门为了训练运动员、举办赛事由政府投资兴建的,一般不对旅游者开放,如1957年国家在吉林省通化投资兴建的新中国第一座标准滑雪场,就是为了举办全国首届滑雪比赛。

改革开放以来,滑雪休闲渐成热潮,东南亚、港澳台以及内地一部分富裕人士组成滑雪旅游大军奔赴东北地区,与此同时,滑雪场的建设也取得了突飞猛进的发展。1982年,当时国内规模最大的城区滑雪场(吉林市松花湖滑雪场)建成并交付使用。1984年,黑龙江省桃山林业局兴建了第一家旅游滑雪场(桃山滑雪场)。随后,具有国际水准的北大湖、亚布力雪场等相继落成,标志着我国滑雪场的建设进入了可与世界先进雪场竞争的崭新阶段。为了推动我国滑雪休闲的持续发展,1995年7月16日至21日,在吉林省由国家旅游局主持召开了全国滑雪休闲研讨会。1998年,国家旅游局为完善我国旅游产品体系公布了《中国旅游业发展优先项目》,其中与滑雪休闲、冰雪度假有关的共6项,约占总项目(43项)的14%,为有计划、有重点地开发滑雪休闲资源,推进我国滑雪休闲尽快实现产品化并推向海内外市场指明了方向。

第三节　滑雪休闲的发展现状与前景

一、滑雪休闲的发展现状

(一)滑雪休闲在国外的发展现状

在欧美国家,滑雪不但是一种运动,而且变成了一种生活方式,由于开展滑雪的时间较长,滑雪在欧洲、北美甚至日本和韩国非常普及。欧洲最好的滑雪场集中在阿尔卑斯山一带和北欧国家,阿尔卑斯山得天独厚的雪资源使法国、瑞士、奥地利、德国、意大利等国大受其益,每年的滑雪旅游收入很可观,以法国为例:每个冬季接待700万人次的滑雪者,其中140万人次为外国人;收入为50亿美元,其中10亿美元为外汇。

北美的滑雪场主要分布在美国东部和中西部,尤以科罗拉多州为多,加拿大的落基山脉也是雪场集中的地区。

亚洲滑雪场开发最早的当数日本和韩国,日本从20世纪60年代开始,韩国从20世纪70年代开始开发滑雪产业。印度、伊朗、叙利亚、黎巴嫩等国也有滑雪场。

南半球的阿根廷、智利、澳大利亚、新西兰、南非也有相当规模的滑雪场。国外滑雪季节一般从感恩节开始,一直到来年4月复活节,有三四个月之久,有的滑雪场海拔较高(海拔4000米以上)甚至可以终年滑雪。

(二)滑雪休闲在我国的发展现状

国内冰雪休闲目前正处于高速发展期,东北三省、北京周边、四川、新疆、云南、湖北等地有大量的滑雪场投入使用或正在立项、建设,滑雪休闲正逐渐成为国民喜闻乐见的大众性休闲活动,越来越多的人开始参与滑雪和冰上运动,并逐渐成为冰雪休闲爱好者。

1996年以前,中国的滑雪主要是作为一项竞技运动存在,普通群众很少接触这项运动,当时的滑雪运动是一种投入性项目。1996年,亚冬会在哈尔滨成功召开,将滑雪运动推向大众化,中国滑雪人口和滑雪设施迅速增长,以黑龙江为例,1996年黑龙江省的滑雪场不足10家,接待游客几万人,当1998年,首届滑雪节举办时,接待游客激增到30万人。仅2001年至2002年一个冬季的冰雪节期间,黑龙江省接待滑雪游客近80万人,收入达7亿多元。在东北滑雪休闲的带动下,全国掀起一股冬季滑雪的热潮,2000年,中国滑雪人次超过100万,营业收入近10亿人民币,2008年滑雪人口达到500万人。

1. 滑雪场统计

1996年至2000年,亚布力、北大湖代表了中国滑雪市场的初级阶段,这一时期的特点是雪场的建设借运动会来推动的,往往有政府部门的参与和投资支持,盈利的滑雪场为数不多,滑雪人数每年不足10万人。

2000年至2008年,是中国滑雪市场快速发展的阶段。2009年冬季以后,据不完全统计,在中国已经有滑雪场共300多家,可以说滑雪作为集健身和休闲于一体的一项新的产业在中国已经逐渐成熟并发展起来了。

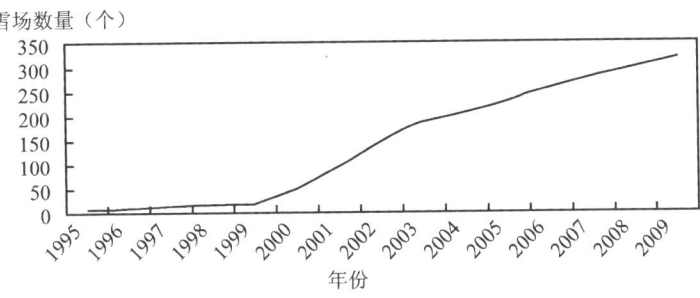

图2-1 我国滑雪场数量增长趋势图

2. 滑雪场分布情况

2000年之前,中国的滑雪场主要分布在黑龙江和吉林两省,2000年,在北京、河北建成了一批新的滑雪场,然后是在四川、新疆,2004年,在山东、河南、湖北神农架等地相继出现了滑雪场。这些地区经济比较发达,人口密集,气候条件相对合适。另外,在比较贫困和欠发达地区如甘肃、山西、陕西、内蒙古都开发出了大小不等的滑雪场。

我国滑雪运动近年蓬勃发展,正形成四大滑雪产业区域:东北、华北、西北和西南,我国已有黑龙江、吉林、辽宁、北京、山东、河北、内蒙古、河南、湖北、山西、新疆、云南、四川等15个省市和自治区建设了规模各异、数目不等的滑雪场。2008年,我国已有289家滑雪场,滑雪人次500万,滑雪休闲收入达200亿元以上。

表2-1 我国大众滑雪市场按照滑雪场的发展情况划分为7个区域

区域	包含省份	主要雪场数量	备注
东北区	黑龙江、吉林、辽宁	66个	雪资源丰富,雪场集中
华北区	北京、河北、天津、内蒙古、山西、山东	23个	区位优势明显,自然雪资源并不十分充足
西北区	新疆、青海、陕西、宁夏	8个	内陆,区位条件差,天山山麓等个别山地雪被比较好
西南区	四川、重庆、云南	4个	雪资源较差,极个别的山地具有一定量的雪被
华中地区	湖北、河南	2个	规模较小
华南地区	广东	1个	室内滑雪场
华东地区	上海、浙江	3个	规模一般较小,有室内滑雪场

3. 滑雪休闲人数统计

最近国家体育总局滑雪协会调查显示,我国每年滑雪场及滑雪人数日益增

多。(见图2-2)

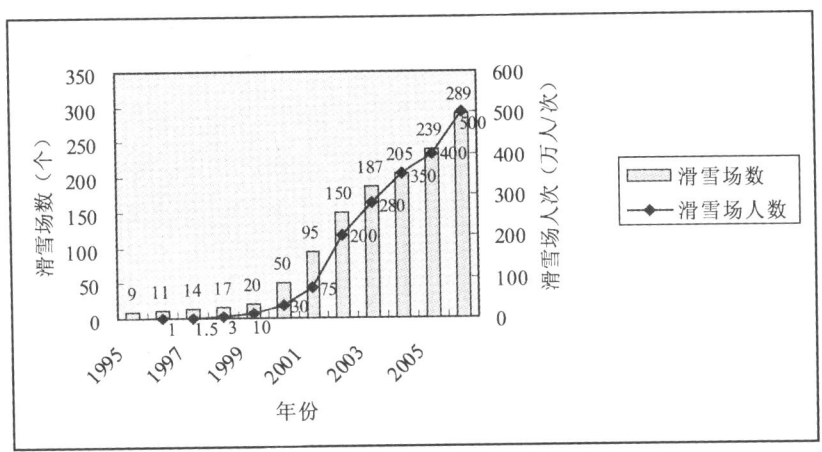

图2-2 滑雪场人次及滑雪场人数增长趋势

数据来源:于德生.我国大众滑雪旅游产业发展现状与对策.成都体育学院学报,2007(4).

二、我国滑雪休闲存在的问题

滑雪产业在我国面临着极好的发展前景和机遇,但也必须充分认识到国内滑雪休闲可持续发展存在着一定问题。

(一)政府缺乏有效的行业管理和引导

开发滑雪休闲产业,是一个涉及面广、历时较长、程序复杂的大型系统工程。要实现这一宏伟目标,必须有政府的引导、调控和支持。当前,缺乏有效的对口管理机构和社团组织,也缺乏行业标准、相关管理办法和滑雪场开发审批及相应的滑雪场等级标准评定办法。

(二)滑雪场规模小、档次不高,设施与功能不全

目前,我国滑雪场存在重复建设和急功近利的倾向。全国近200处滑雪地总雪道长度才150公里左右,不及瑞士策尔马特(Zermatt)冰川滑雪场(230公里)、奥地利凯茨巴滑雪场(160公里)一家的雪道长度。国内滑雪场大多属初级雪场,规模小、档次低、设施简陋、交通基础设施不配套。一个滑雪旅游胜地其相

应的配套服务应包括：满足一般旅游者的高、中、低档次的宾馆、饭店；高层次消费的度假公寓或别墅；齐全的餐饮娱乐设施；便利的商场购物场所；适合大型会议接待的会议中心；保证滑雪者安全的医院和急救中心；为初级滑雪者提供训练和教学的滑雪培训中心；方便快捷的交通路线；满足大容量旅游者来往的吞吐量；别具特色的滑雪项目。此外，国内大多数滑雪场经营项目都比较单一，没有形成以冰雪为中心的综合性、多样化的冰雪休闲产业，单一性的项目经营局限了国内滑雪场的经营特色。

(三) 季节限制

滑雪是有着强烈季节性的特殊运动。一般来说，其经营期受气温、降雪以及风力等因素的影响。我国滑雪场平均经营期在 11 月中或 12 月初开始，到来年 3 月或 4 月结束，季节性因素已经成为各个滑雪场满足消费需求、进一步发展的瓶颈。

(四) 缺乏市场调研和精确的统计数据

目前，对滑雪市场情况主动进行调研和营销还比较少，更缺乏准确的滑雪人数统计调查、市场细分和市场培育。

(五) 滑雪场经济效益良莠不齐

滑雪旅游市场竞争激烈，容易造成"僧多粥少"的尴尬局面，激烈市场竞争导致市场供过于求，厂商利润缩水甚至倒闭。

北京地区十几家滑雪场在残酷的竞争之下，已有半数以上难以为继，一些滑雪场已经关门。如果以北京、山东、河北、河南 4 个地区滑雪场的价格粗略来算，如果是周一到周五玩一整天的话，整体费用在 350 元左右。如果是节假日来玩，费用就会高达 500 元左右，一家三口一天的花费在 1000 多元。而这对于石家庄、济南等城市居民的消费能力来说绝对是相当大的挑战。

(六) 对生态环境的影响

从环境的角度来讲，我国的滑雪产业尚未找到滑雪休闲和环境之间的平衡点，其对环境的消极影响，主要表现在以下几个方面：

第一，在建设滑雪场时，由于滑雪场的建设对地形坡度有严格要求，"砍树木，啃山头"无法完全避免，与之配套的附属设施也要占去大量的林地，这都使脆弱的山地植被系统遭受破坏,人类赖以生存的环境恶化,给当地居民的生产和生活带来了不可弥补的影响。更为可怕的是投资者经营不善,要想重新恢复植被,防止水土流失,绝非易事。

第二,滑雪场对自然降雪、雪质、环境温度都有非常高的要求,但现在气候变暖,除高纬度地带的滑雪场能够利用天然降雪之外,处在中、低纬度的滑雪场很难有"天时"的帮助,人工造雪便成为必然选择。而人工造雪对于处在严重缺水的中国来说,无疑是雪上加霜。

第三,休闲者在休闲之中,足迹所到之处会对环境有所损伤,尤其是依靠人工造雪的中、低纬度滑雪场,雪白的雪道映衬在寒风萧瑟、光秃秃的山体上,雪场周边环境氛围不好会造成视觉不佳,滑雪休闲体验质量不高。

三、滑雪休闲的发展趋势与前景

(一)世界滑雪休闲发展前景展望

1. 向产业化方面发展

滑雪运动本身涉及休闲、机械加工、建筑、化工、纺织、交通、餐饮、饭店等诸多领域,这些领域又需要滑雪运动的拉动,以便填补冬季的"空白"。一座现代规模滑雪场的运营,会拉动其他产业形成一个相应独立"滑雪实体区域",如"滑雪城"、"滑雪村"、"滑雪街"。

2. 向更广消费阶层发展

滑雪人口会逐年成倍增长。消费水平的提高,必然导致生活质量及健康意识的增强,又由于交通的便利,信息的畅顺,喜欢和实际参与滑雪运动的人群会更大。

3. 现代滑雪运动向丰富多彩的趋势发展

目前的"纯竞技活动"虽然会有某些形式上、技术上、项目上的改革,但空间不会太大。危险因素大、大众不宜参加的项目可能会淡化。相反,大众性质的比赛活动会明显增多,这种活动会因地制宜、因人而异,以灵活多样的形式,将滑雪的娱乐休闲活动与比赛、竞争相结合,激起人们的更大的滑雪兴趣。

4. 滑雪器材装备向科技高、大众化方面发展

今后除少量尖端的产品会向高科技水准发展,供少数人在冬奥会级竞争中运用外,适于大众的滑雪产品,会向多样化、简便化、安全化发展,促使滑雪活动不断的丰富多彩,而且会更安全、舒适。

5. 现代滑雪会向环保方面发展

滑雪场将摆脱现有的单一功能,会与人们的户外活动、野外生存及定向活动以及回归大自然的活动融为一体,成为人们四季的健身、健心的"世外桃源",使人们能在空气清新、视野开阔的"绿色环境"中尽情地去享受大自然赋予的无穷快乐。

(二)我国滑雪休闲发展方向

1. 政府的管理、保障、服务的力度加强

在有条件的地区,各级政府部门,地方政府会更加充分发挥政府的职能作用,支持大众滑雪运动及其相关产业的发展。

大众滑雪运动发展拉动相关产业的发展,从而可以带动地方经济的振兴和社会的发展,这已为国内外的事实所证明。黑龙江省哈尔滨市多年来打"冰雪"牌拉动地方经济发展是成功的,长春市、沈阳市举办滑雪节也取得了明显的成绩。湖北神农架林区政府、河北崇礼县政府也借势规划开创滑雪产业。

转变职能的政府行为,在推动大众滑雪运动及相关产业发展过程中的作用是不可缺少的,明智的政府领导是不会轻易错过开展滑雪运动带动地方经济、社会发展的良好机遇。

2. 滑雪运动从业人才的培养

面对迅猛发展的大众滑雪运动急需大量各种专业人才的局面,人才培养的问题已刻不容缓地提到日程上来。按照对滑雪场规范管理的要求,只要营业,就必须有经过培训合格、有资格证书的人做滑雪教练。仅滑雪教练人才,目前全国需要的数量就很大,随着发展将需要更多的人从事这一职业。此外,滑雪场的建设、规划、管理都需要有知识、懂专业的各类内行人才。伴随现在和今后发展形势需要大量从事滑雪运动专业人才的现实,有资质的教育单位开办滑雪学校、开设选修专业、举办短期培训班及考试颁证等工作必将引起各方面关注。

（1）管理走向规范化。目前我们的雪场经营管理中，在不同的层面上存在着一些明显的问题。一方面，伴随着大众滑雪运动水平的不断提高，对滑雪场的要求也会随之提高，运营不规范、管理不力的滑雪场必将在激烈的竞争中失去自己的优势。另一方面，对大众滑雪运动和相关产业的管理是一项需要各方面协调，做好综合管理的事情。这既不是单纯政府的职能，也不单是行业管理所能做到的。为保证大众滑雪运动健康、有序、持久的发展，必须加强综合的管理水平，政府管政府职责该管的，行业把行业该管的工作管好，雪场按规范做好自己的经营活动。

（2）具有综合功能和度假区性质的大型滑雪场将会出现。目前，全国虽建有近200处滑雪场，但限于自然条件和资金限制，滑雪场的规模都不大，与欧、美、日、韩等国家占地数十平方公里的大型雪场有相当大的差距。只要中国社会平稳进步，经济不断增长，人们对冬季参加滑雪运动就会更加钟情，滑雪的人数及其热情增加的速度都会促使目前国内滑雪场的升级。伴随参加滑雪运动的人群越来越大，运动水平越来越高，会有相当的一部分人群对在小滑雪场滑雪失去兴趣，转而寻求更惊险、更刺激、配套服务设施更完备的大型滑雪场。有人在国内不断转换滑雪地点，也有人选择去韩国、日本乃至欧洲滑雪，功能齐全、配套设施先进的大型雪场或滑雪度假区在中国已经有了需求市场。今后，这种需求的空间会越来越大。现在，一些地方政府和滑雪场建设者正在论证、规划着，只要资金到位，时机成熟，马上就可以付诸行动；也有一些雪场建设从选址到开发建设，设计的起点就是要建成一个与国际先进雪场相媲美，国内最大、最好的滑雪度假区，目前正在分批建设、分步实施，采取边营业、边开发建设的策略。按现在的形势发展下去，今后几年的时间里，在中国大地上矗立起现代化大型滑雪场将不会让人感到意外。

（3）与滑雪相关的产业得到发展，雪具和雪场机械国产化程度将得以提高。迅速发展的大众滑雪运动，暴露出我们的相关产业发展处于落后状态。目前，在中国大小雪场使用的滑雪板都不是中国企业生产制造的，雪场所需要的造雪机、压雪机、雪地摩托车几乎全部依靠进口，有些还是旧产品。滑雪服装业，这应该是我们的优势，但真正名牌、贵重的服装还是进口的。滑雪运动的迅猛发展,造成相关产业巨大的市场空间,一些有远见的中国企业家已经关注滑雪市场。今后几年,不仅雪具、雪服、头盔、雪镜、手套之类的东西可以国产化,技术含量较高的部分雪场机械设备也会逐步实现国产化。随着雪具、雪场机械国产率提高,价格下降,会对我国滑雪场地建设和让更多的人走进滑雪场给予强有力地推动。

(4)参与大众滑雪的人数仍将逐年大幅度增长,主流群体更趋于成熟、理性。近年来,参与滑雪的人数基本上是成倍数逐年增加的。一方面,伴随着全国滑雪场数量逐年增多,一些经过维修和扩建的滑雪场更安全、更先进、更方便,新的多功能大型现代滑雪休闲度假区不断出现;另一方面,人民生活水平将进一步得到提高,追求高质量的生活的价值观念进一步增强,这都会吸引更多的人对滑雪产生兴趣,参加到滑雪运动中来。因此,在今后的5~8年逐年成倍增加滑雪人次的发展趋势仍然是极有可能的。

第四节 滑雪休闲案例研究

一、瑞士滑雪产业

(一)区位概况

瑞士地处欧洲中部,国土面积41 284平方公里,总人口745.5万,是全球最富裕、经济最发达和生活水准最高的国家之一,人均国民生产总值超过5万美元。瑞士是一个资源贫瘠、穷困落后的农牧国家,自1815年维也纳会议确认永久中立国以来,未经战乱,政局稳定,经济增长较快,形成了自己的发展模式和优势,逐渐发展成为一个发达的工业化国家。

(二)滑雪产业状况

瑞士不仅是世界著名的滑雪胜地,而且钟表业举世闻名,城市风光旖旎,文化风俗独具特色,吸引着世界各地的游客。据统计,每年有上千万外国人到瑞士旅游,为其旅游业创造了30多亿美元的产值。瑞士旅游局的数据显示,2004年,旅游收益达216亿瑞士法郎(约281亿新元),占国内生产总值近5%。体验滑雪的乐趣是到瑞士旅游的一个重要原因,这里的很多滑雪场可算世界顶级,像达沃斯的帕森地区(Parsenn),是最大也是最受欢迎的滑雪场,克罗斯特滑雪场(Klosters)是英国皇室的最爱。

瑞士的旅游开发方面不仅抓住了滑雪这一核心优势,还积极发展了与之相关的多个相关产业。除了滑雪,瑞士还为游客提供多种冰雪运动,如雪地滑板、雪地高尔夫、雪地汽车和狗拉雪橇等。

(三)案例评析

1. 滑雪设施先进

瑞士拥有200多个滑雪场,设施设备先进,设备维护好、更新速度快。瑞士拥有13条齿轨铁路,50辆登山缆车和约600条空中索道,将游客载至滑雪地点。在冬季,约1200个上山吊车供使用,4000名专业滑雪教练在200所滑雪学校任教。但近年来,受全球变暖气候影响,欧洲各国滑雪产业都面临着收入的减少,为面对这一形势,各滑雪场纷纷打造新颖的滑雪场形象,比较常见的就是提高滑雪场的定位,走奢华度假路线。例如,在瑞士安特马特滑雪场,就计划兴建6座酒店以及高尔夫球场、巨型室内泳池和温泉、人造沙滩、人工湖。其他胜地如采尔马特和达沃斯,也将在山顶和巨塔上兴建酒店,让住客能居高临下欣赏大自然美景。

另外,据资料显示,每年冬季,瑞士都有数千名游客因滑雪而受伤,因而为保护游客生命和财产安全,滑雪场普遍设立了测速雷达,控制游客滑雪速度在每小时30公里以内,以提醒游客保护自身安全,降低不必要的危险。

雪崩也是滑雪场经常要面临的隐患,雪崩救援队的专业化程度代表了旅游的安全标准。瑞士是世界著名滑雪胜地,也是雪崩频发的地方。为此,瑞士境内不少滑雪场都设立防护、监控及警报系统。位于达沃斯的瑞士联邦冰雪和雪崩研究所是世界上仅有的两家专门研究所之一,这个研究所在阿尔卑斯山地区设立多个远程自动观测站,站内配备测量风速、积雪厚度和温度的仪器。观测站收集到的数字传送到达沃斯之后,研究所进行分析,每天两次向公众发布雪崩预警报告。

2. 交通便捷——"瑞士通道"（Swiss Pass）

瑞士通道（Swiss Pass）是一种个人连线票，有为期4天、8天、15天、1个月的车票，持有者在期限内搭乘里数不计，可乘坐火车、邮政列车、船，并可在24个城市内乘坐公共汽车和电车。

"瑞士通道"购买交通运输票时只需付半价。游客不仅可以选择瑞士6条具有传奇色彩的旅行线路（瑞士联邦铁路、大多数私营铁路、湖面游船、长途大轿车、市内交通运输系统，以及到山顶的缆车游览）中的任何一条线路游览瑞士，而且可以免费咨询如何到达瑞士境内的火车站、汽车站和轮船站；在30多个瑞士城市中，还可以利用"瑞士通道"了解瑞士市内交通各项情况。

3. 大型活动营销——各类滑雪节以及友好城市的建立

大型活动作为一个影响力传播载体，是大型活动塑造品牌影响力塑造的基石。大型活动为企业搭建品牌影响力传播平台，通过统合需求、展示系统、统合沟通和统合影响力来帮助企业塑造品牌影响力。塑造企业品牌影响力重要的是提高消费者对品牌的直接评价和认可，通过对企业品牌认知度、品牌的美誉度、塑造良好形象、忠诚度提高等指标来说明品牌影响力的提高。

瑞士的滑雪营销中，滑雪节就是一个十分具体的形式，通过各种滑雪节以及相关的滑雪爱好者的各种节庆活动，既可以推介滑雪场的各类产品，也可以保证充足的客源。尤其是定期举办的活动，更可以成为滑雪场的一项稳定收入。

友好城市或者姊妹城市指的是将地域上或政治上无关的城镇或城市配对起来，以期达到增加居民或文化交流的目的。这本质上来说是以城市为单位的目的地推销的一种形式。在开拓距离远的旅游市场时，这种方式尤为重要。建立友好城市关系可以使目的地城市以友好城市为中心，互相利用友好城市的资源优势，在一个全新的市场辐射休闲目的地吸引力，树立休闲目的地形象，这是有利于缔交活动双方的一个双赢举动。例如，在瑞士，与中国城市建立友好城市关系的就有卢加诺市（与北海市）、巴塞尔市（与上海市）、瓦拉市（与黄山市）等。

二、美国沃楚西特山滑雪区——一个变化中的开发范例

（一）案例简述

沃楚西特山滑雪区是美国的一个四季开放、私有私营的游憩设施，占地182公顷，在地理上位于普林斯顿和威斯敏斯特附近的麻省州立保护区中央。这个滑雪区目前已经过大规模的扩建，共有17条滑雪道，3台滑雪缆车以及一家坐落在沃楚西特山脚的活动中心。为了便于滑雪者长途滑行到其他州的度假区，规划区的滑雪道设有海拔305米的降滑山坡，以及19公里的越野滑雪道。

（二）案例详解

沃楚西特山滑雪区位于波士顿以西84公里，与康涅狄格州的首府哈特福德和罗得岛的普罗维登斯分别相距138公里和98公里。沃楚西特山是麻省中部最高的山，海拔610米。山顶上的视野极佳，可眺望麻省中部和东部地区，沃楚西特山州立保护区现已成为一个适合爱驾车兜风、欣赏秋天落叶的度假目的地。

沃楚西特山度假村与滑雪区同时启用于1933年。当时的滑雪者都是开车到山顶，然后再滑雪下山坡。1961年，麻省政府安装了两套T形拖牵作为上山设备。6年后，经投票表决将沃楚西特山以及其他保护区收回州政府管理，由麻省自然资源局负责。1967年到1968年的滑雪季，因州政府的经营效果不佳，另外成立了沃楚西特山协会，自1968年之后的雪季，滑雪区都由协会负责经营管理。

1981年6月，沃楚西特山协会拟订了扩建计划，另外，自组一个有限合伙机构，专门供应扩建经费。到1982年7月，该机构已租到了其他多余的保留地，并开始进行施工。沃楚西特山协会为了能够在1982年到1983年雪季重新开业，迅速展开开发工作，其内容包括：新辟5条滑雪道、安装3台新的缆车、建造新的活动中心以及1982年12月前装配完成的造雪设备。全部扩建计划为期两年多，其中大部分开发工作（包括60%的新滑雪道工程）已在第一个滑雪季之前陆续完成。

除了零售的滑雪专卖店以外，所有活动中心的营业已为合伙机构带来了更多的收益，滑雪区全部所得的2%必须交给麻省政府。

（三）案例评析

1. 充分体现人文关怀的建筑设计

活动中心的设计从停车场到滑雪坡，都是配合滑雪者最便利的行动曲线。例如滑雪者进门买票后，可换上滑雪靴直接到滑雪坡；或者买点食物或饮料从建筑物的后门出去。活动中心有高低差的地方都采用斜坡设计，除了便于残障者活动之外，穿着沉重雪靴的滑雪者亦可轻松地进进出出。大部分的滑雪者行动曲线都设在室外，这种安排方式还可以省下20%的建筑面积（这些面积通常都是属于室外行动曲线部分），减少活动中心内部的维护工作以及暖气的需要量。由于活动中心的行动曲线大多在室外，建筑师特别设计了很多出入口，滑雪者可以非常方便地进入某个或数个活动场所。

活动中心的设计强调多种特殊用途。冬天时，活动中心的家庭中心可作为托儿所，到了夏天再换成艺术品展览场地。借着高起的平台，在视觉上将酒吧和餐厅隔成不同的空间。活动中心还设有青少年中心，里面有冰激凌贩卖处和视听游乐场。来往于滑雪区的巴士可载送小孩。

充分的空气流通和自然采光来自屋顶以下3～4.5米的玻璃窗。这些窗户在夏天时可排除建筑物内的热气，让室外的新鲜空气和明亮的光线进到建筑物里。

活动中心具有与众不同的节能特点：利用造雪时产生的热气温暖室内。中心附近的小水池是造雪时的用水来源，并且也是个赏心悦目的视觉焦点，这套造雪设备建在活动中心的另一端，其墙面的材质完全能够体现活动中心的整体感。造雪时有导管直接将热能输送到活动中心内，不会白白浪费在室外。当室温低于-1℃，造雪设备连续运转时，这些热气的温度大概可以达到活动中心所需温度的5倍。另外，还有太阳能的利用，可以让夏天空气产生对流，不必太过于依赖空调系统的窗户。

2. 因地制宜的市场营销措施

沃楚西特山滑雪区的主要市场有500万居民，大约是该区周围80公里范围内的，次要市场的涵盖面积则大约是该区方圆145公里以内。沃楚西特山滑雪区位于一个缺乏高级滑雪设施的区域，平日就能吸引白天滑雪和下班后滑雪的人。由于扩建了新的跑道和活动中心,除了既有的白天滑雪者外,那些以往必须到佛蒙特州或麻省西部类似休闲地点度假的消费者,很多都改到此地度假。区位是沃楚西特山滑雪区最有力的卖点,因为它是康涅狄格河东侧新英格兰南部一带最大的滑雪度假村。

沃楚西特山滑雪度假村在管理上采用了各种促销策略,最主要的策略是:凡是公司员工或大学生结队前往时,都可享受团体优惠。凡团体组织包下6个滑雪期(提供训练课程和出租器材),平均每位滑雪者可享受5折以上的折扣。这些团体票颇受附近社区和波士顿地区的欢迎,平均每天的预售票可高达1000张。这个滑雪区还有巴士接送团体游客,这是它最吸引当地消费者的服务项目之一。

沃楚西特山滑雪区的声誉之所以与日俱增,大部分应归功于口碑效应。区内一些销售甚好的设施也是重要的功臣,如24小时造雪措施所提供的日夜滑雪坡、高级的滑雪训练班、按技术困难度和设施品质区分的滑雪坡以及不需要大排长龙等候的缆车。

三、中国COOL省黑龙江——打造"冷经济"现象

(一)案例简述

黑龙江省位于我国东北地区,是我国纬度最高、气温最低的省份。全省属高寒温带大陆性气候,大部分地区从11月至翌年3月都有降雪,降雪日数平均每年为20~50天,积雪初日与终日间隔为180天左右;冬季积雪日数为80~120天,积雪初日与终日间隔140~170天,最大积雪深度58厘米。

黑龙江省现有滑雪场70多家,其中,亚布力滑雪场、龙珠滑雪场以及长寿山滑雪场已名扬四海。黑龙江的冰雪休闲从单一冰雪观赏娱乐活动已发展成为集文化、体育、经贸、旅游和科技为一体的综合性、国际性的大市场。随着规模的不断壮大,设施配套程度的明显提高,冰雪休闲产业带动了其他相关产业的发展,打造了中国北方独树一帜的"冷经济"现象。

(二)案例详解

冰雪品牌突出体现了黑龙江省的独特优势,但要建设完善则需要系统设计、

实施和管理。同时,任何品牌都会老化,休闲旅游区的品牌也需要管理和创新。品牌形象创新就是要打破原有的旅游目的地形象,清晰地界定新的目的地形象并注入新的文化、社会、经济、环境的内涵,品牌形象创新不是彻底的抛弃,而是"破茧而出,羽化成蝶"的过程。

特殊的地理位置和气候条件使黑龙江休闲旅游具有原始、古朴、粗犷、神奇的特点,2003年世界旅游组织对黑龙江休闲旅游资源全面考察后,对黑龙江凉爽怡人的气候、独特神奇的生态旅游资源、时尚浪漫的旅游产品和独具地域民族特色的人文景观进行了高度概括。把黑龙江的旅游形象定位为:黑龙江中国旅游COOL省。根据黑龙江四季旅游资源特点,又具体解读为:"黑龙江春季活力世界,夏季清凉世界,秋季多彩世界,冬季冰雪世界"。《黑龙江省旅游发展总体规划》中把"黑龙江——中国的COOL省"、"哈尔滨——中国的COOL市"作为黑龙江及哈尔滨的旅游标志语。

在树立冰雪品牌的同时,黑龙江省滑雪场地的重复建设和资源浪费也为人所诟病。黑龙江省已兴建滑雪场75家,主要分布在哈尔滨周边半径50公里的区域和哈尔滨—牡丹江东部线、哈尔滨—伊春北部线、哈尔滨—佳木斯东北部线和哈尔滨—大兴安岭西北部线,并还有上升的势头。但普遍对市场研究不够,滑雪项目雷同单一,不能有效满足市场的需求,有的滑雪场甚至倒闭。

(三)案例评析

1. 树立休闲旅游区品牌,明晰黑龙江旅游形象

目前,我国休闲旅游区品牌建设的一个重要思路就是要打造中国"类型"旅游目的地名牌。所谓"类型"旅游目的地就是旅游目的地不再是一个"地域"的概念,而是一个"功能"的概念。但长期以来,黑龙江省很少注重作为一个旅游目的地的个性塑造,在许多游客眼里,黑龙江省仅仅是一个空间地域性的概念,对它的印象是与寒冷的边疆省份紧密相连的,而不是一种"类型"的旅游目的地。

随着旅游市场的竞争越来越激烈,各个旅游目的地都在寻找自己独一无二的品牌形象,黑龙江省要想在众多的旅游目的地中凸显,就要在立足于自然人文资源的基础之上,又不囿于现有资源,就要借助"冰天雪地"打造冰雪旅游的品牌,把黑龙江打造成为"冰雪运动"的类型旅游目的地品牌,从而在新一轮的"类

型"旅游目的地竞争中抢得先机。从"东北边陲重镇"到"COOL省",黑龙江省实现了旅游形象的明晰,更有利于打造其在国际国内的旅游品牌,对实现成功的旅游目的地营销有着至关重要的现实意义。

2. 资源开发要与市场需求相适应,突出重点

休闲旅游资源的开发和旅游产品的设计要建立在旅游规划的基础之上,旅游规划就是指为了保护、开发、利用和经营管理旅游区,使其发挥多种功能和作用而进行的各项旅游要素的统筹部署和具体安排,是目的地资源与市场需求的统一。在黑龙江省的冰雪资源开发中,开发方并未遵循严格的旅游规划而是对旅游资源进行了随意的、散漫的利用,这无疑会造成旅游产品的数量和品种与市场的要求不相符,进而使得产品供需市场不平衡,造成了旅游市场的混乱和从业者获利空间降低,不利于当地旅游资源的保护和休闲旅游经济的长期稳定可持续发展。

四、"塞北的雪"崇礼县——北雪南移,北冰南展

(一)案例简述

崇礼县位于河北省西北部,北倚内蒙古草原,隶属张家口市,总面积2334平方公里,耕地37.2亩,总人口12.56万,其中农业人口10.72万。县城距离张家口50公里,距北京220公里,距天津340公里。崇礼县森林茂密,气候凉爽,以夏季避暑和冬季滑雪为主的生态旅游业具有广阔的发展前景。现已开辟了翠云山旅游度假村、塞北滑雪场、农家老院等休闲旅游胜地。翠云山、桦皮岭、响铃寺等休闲旅游景点有待进一步开发。

近几年,在"北雪南移、北冰南展"的发展思路指导下,崇礼县瞄准正在兴起的生态旅游热和时尚的滑雪运动,以建设国家滑雪基地和京津旅游休闲度假基地为目标,并以此为依托,积极申办第12届全国冬运会休闲旅游产业呈现出强劲的发展势头。

(二)案例详解

崇礼县为了加快优势休闲旅游资源向品牌旅游项目转变,在冰雪资源的开发上坚持树立精品意识,推进休闲滑雪上档次、上规模、上特色。

1. 高起点规划，高水平建设

崇礼县邀请了中国环境科学协会等单位的10多位国内旅游界知名专家出谋划策，并委托专业策划公司制定了崇礼旅游发展规划。几年来，累计完成项目投入3亿多元，建成了4家各具特色的大型滑雪场，形成了集旅游、度假、观光、滑雪于一体的产业体系。特别是总投资5亿元的万龙滑雪场，已成为国内一流的现代化大型开放式滑雪场，日本、韩国俱乐部和黑龙江滑雪队都专程到这里进行训练。该项目全部建成后，将成为全国最大、亚洲前十位的滑雪场。河北省体育局投资5000万人民币的长城岭滑雪场，将成为河北省第一个现代化高原竞技体育训练和大型健身滑雪运动基地，年内将正式投入运营。塞北滑雪场正在与意大利一家旅游公司洽谈，合作开发滑雪休闲度假区项目，预计总投资达1亿欧元。

2. 高标准配套

通过自筹资金和争取国家投资等方式，先后完成了4条70公里的旅游公路建设，并实现了景区水、电、讯畅通。投资5亿多人民币开发了新城区，对旧城道路进行了改造，实施了美化、绿化、亮化、净化工程，完善了各项功能。今年，县城污水处理、河道综合治理工程、城郊道路和星级宾馆建设等工程已开工建设，这些项目的实施，将进一步提升接待能力和水平。

3. 高站位营销

为了扩大崇礼生态旅游影响，我们制订了整体促销和大规模的宣传计划，积极参加各种旅游推介会、项目洽谈会；在各级各地电视台、电台、报刊进行宣传；在中国旅游网、张家口信息网等网站挂接网页进行网络宣传；与中国国际旅行社、中国旅行社、中国青年旅行社等国内30多家大旅行社建立了长期的业务联系。从2000年开始，连续举办了4届中国崇礼国际滑雪节，每次持续时间长达3个多月，高峰期每天达到3000多人，宾馆、饭店全部爆满。

现在，滑雪节已成为由河北省省政府主办的省级节庆活动，这些都进一步提高了滑雪节的规格和层次，对外宣传效应更加明显。例如，2004年，全县共接待游客15万人次，旅游收入4000多万元人民币。

（三）案例评析

1. 把握政策契机

国家体育总局提出了"北雪南移,北冰南展"的冬季运动项目发展思路,决定在崇礼县建设国家级滑雪基地;河北省把崇礼县列为26个旅游重点县之一,张家口市也把建设崇礼滑雪基地列为全市三个特大型项目之一。2005年4月,经省政府同意,张家口市正式申办第12届全国冬季运动会。立足京津、面向全国、着眼世界,以申办全国冬季运动会为目标,全力打造滑雪品牌,成为全县的新思路、新策略。2005年7月,国家体育总局、中国滑雪协会、北京奥组委等部门的领导、专家齐聚崇礼,举办冬运经济高层论坛,为张家口市的申办工作出谋划策。按照"边申办边建设"的发展思路,仅雪场扩建、综合体育馆、道路升级、电力增容改造、星级宾馆建设等项目,总投资即达45亿元。政策代表了一个地区未来经济和社会生活的发展趋势,是针对地区发展现状和发展潜力做出的,因而,政策并不只代表了资金和政府的支持,也代表了地区经济和市场的需求。把握了良好的政策契机就意味着充分利用了社会的、经济的、市场的机会,有利的政策指引是地区发展旅游的巨大助力,充分把握有利的政策契机,开发和提升景区的整体形象,完善景区的建设。

2. 高起点,重规划

休闲旅游产品归根结底是一种商品,游客的数量和景区的收入取决于商品质量的高低,也就是游客对景区的满意度。满意度是由游客在景区游览的综合感受决定的。科学合理人性化的规划设计,高水平高标准的景区相关设施配备都可以在很大程度上提高游客游览的舒适度,这对于游客满意度的提升影响极大。另外,对于一个新近树立的景区品牌,其原始形象并不清晰,建立怎样的市场定位十分重要。崇礼县位于河北省,毗邻京津地区,其地理区位决定了其市场发展方向,游客群主要为热爱惊险刺激滑雪游和青睐度假休闲旅游的中高端游客。面对这样的游客市场,景区的形象定位就应该相对地高起点、高消费。

3. 大型活动营销

对于滑雪旅游市场中的后起之秀,在休闲旅游品牌的市场知名度上就有着先天的不足,这就要求景区在后期的市场营销中做足工夫。大型活动营销是日益被世人接受的营销方式,这种方式受众广且目标明确,可以集中面对滑雪休闲爱好者进行地区品牌的宣传。在大型活动的组织过程中,本身就带来了丰富的客源,带动了景区以及周边产品的消费。另外,这种营销方式给了游客亲身感受休闲旅游产品的机会,在不动声色中,以游客体验的形式树立了景区形象。如果能够很好地把握大型活动的契机,对于形成游客的二次消费以至长期的周期性的消费行为是十分有益的。

4. 加快优势旅游资源向品牌旅游项目转变

优势旅游资源向品牌旅游项目转变是当今旅游市场的整体趋势。不同的景区特质以及不同的市场需求适应不同的品牌营造,与上面黑龙江省品牌营造类似的是,崇礼县的冰雪旅游景区打造也依赖于品牌旅游项目的形成。不同的是,由于二者冰雪资源的差异和客源市场的区别,两者的品牌打造并不完全相同。

第三章

博物馆休闲规划与案例

第一节　博物馆休闲的定义、内涵

一、博物馆的定义

按《辞海》的解释,博物馆是陈列、研究、保藏物质和精神文化的实物以及自然标本的一种文化教育事业机构。1979年,国家文物局公布的关于《省、市、自治区博物馆工作条例》中对博物馆的性质和任务作出了明确的表述:博物馆是"文物和标本的主要收藏机构、宣传教育机构和科学研究机构,是我国社会主义文化事业的重要组成部分。"

二、博物馆休闲资源的内涵

休闲资源是休闲活动的客体也是一个国家或地区休闲业赖以生存和发展的最基本的条件。博物馆原本是文化事业机构,具有收藏文物、科学研究和社会教育三大功能。但是,随着市场经济的发展和休闲业的兴起,博物馆逐渐附加和培育了休闲功能,也被称为娱乐功能、休闲功能等。博物馆的宣传教育功能使其一直拥有着众多的参观者,而高度的文化集中性又使博物馆具有较强的休闲吸引力,使博物馆成为一项有特色的重要休闲资源,也是一种高品位的休闲资源。如绵阳抓住国家发展红色休闲的契机,于 2006 年 4 月着力打造以"两弹一星"为特色的红色科技博物馆,其中球幕电影、"飘人"悬浮最为生动、形象地展示了绵阳的科技城风采。博物馆是对外开放和展示的场所,与休闲业有着共同的服务对象,而且浓缩的历史文化形成了博物馆的休闲吸引力,因此博物馆是休闲资源的一种类型。本文的研究对象就是博物馆休闲产业,也称为博物馆旅游。

三、博物馆旅游的特征

(一)地域范围固定

现代博物馆在建设的初期,充分考虑可持续发展的需要,有的博物馆占地面积很大,留有发展扩建空间。但是,博物馆依然是一个建筑体,是封闭的区域空间。在一定的时期内,博物馆所处地域范围基本固定不变。

(二)博物馆属于休闲场所

博物馆是展示文化的场所,其中主要部分都是用来进行旅游活动的区域。博物馆的旅游接待功能并不完全,一般没有餐饮和住宿服务,因此,博物馆休闲活动比较依赖当地的休闲服务设施。但是,购物、娱乐和导游服务很齐全,且具有较高的质量。

(三)博物馆选址自由度高

除遗址类博物馆以外,其他博物馆都可以自由选址建造。博物馆所拥有的旅游资源,包括各种文物和展示品也可以自由移动。因此,与其他的旅游资源相比,博物馆很容易建设。每个旅游目的地地区都可以选建多座博物馆,以丰富当地文化旅游内容。

(四)休闲资源特色鲜明

因展出品不同,形成了不同的主题。博物馆一般都具有自己的特色,几乎没有完全类似的博物馆。馆内的展品无法复制,复制的物品不具有收藏价值,因此,博物馆休闲资源都是有自己特色的旅游资源。

第二节　博物馆的分类与发展史

一、中国博物馆的分类

中国博物馆事业的主管部门和专家们认为,在现阶段,参照国际上一般使用的分类法,根据中国的实际情况,将中国博物馆划分为历史类、艺术类、科学与技术类、综合类4种类型。

(一)历史类博物馆

历史类博物馆主要展示历史藏品,如中国历史博物馆、中国革命博物馆、西安半坡遗址博物馆、秦始皇兵马俑博物馆、泉州海外交通史博物馆、景德镇陶瓷历史博物馆、北京鲁迅博物馆、韶山毛泽东同志纪念馆、中国共产党第一次全国代表大会会址纪念馆等。

(二)艺术类博物馆

艺术类博物馆主要展示的藏品具有较高的艺术和美学价值,如故宫博物院、南阳汉画馆、广东民间工艺馆、北京大钟寺古钟博物馆、徐悲鸿纪念馆、天津戏剧博物馆等。

(三)自然、科学类博物馆

自然、科学类博物馆以分类、发展或生态的方法展示自然界,以立体的方法从宏观或微观方面展示科学成果,如中国地质博物馆、北京自然博物馆、自贡恐龙博物馆、台湾昆虫科学博物馆、中国科学技术馆、柳州白莲洞洞穴科学博物馆等。

(四)综合类博物馆

综合类博物馆综合展示地方自然、历史、革命史、艺术方面的藏品,如南通博物苑、山东省博物馆、湖南省博物馆、内蒙古自治区博物馆、黑龙江省博物馆、甘肃省博物馆等。

二、国外博物馆的分类

国外博物馆,一般划分为艺术博物馆、历史博物馆、科学博物馆和特殊博物馆4类。

(一)艺术博物馆

艺术博物馆包括绘画、雕刻、装饰艺术、实用艺术和工业艺术博物馆。也有把古物、民俗和原始艺术的博物馆包括进去的。有些艺术馆,还展示现代艺术,如电影、戏剧和音乐等。世界著名的艺术博物馆有卢浮宫博物馆、大都会艺术博物馆、国立艾尔米塔什博物馆等。

(二)历史博物馆

历史博物馆包括国家历史、文化历史的博物馆,在考古遗址、历史名胜或古战场上修建起来的博物馆也属于这一类。墨西哥国立人类学博物馆、秘鲁国立人类考古学博物馆都是著名的历史类博物馆。

(三)科学博物馆

科学博物馆包括自然历史博物馆。内容涉及天体、植物、动物、矿物、自然科学,实用科学和技术科学的博物馆也属于这一类。英国自然历史博物馆、美国自然历史博物馆、巴黎发现宫等都属于此类。

(四)特殊博物馆

特殊博物馆包括露天博物馆、儿童博物馆、乡土博物馆,后者的内容涉及这个地区的自然、历史和艺术。著名的有布鲁克林儿童博物馆、斯坎森露天博物馆等。

三、博物馆休闲的发展史

(一)国外发展史

"博物馆"一词,源于希腊文"缪斯庙"(museion)原意为"祭祀缪斯的地方"。缪斯是希腊神话中掌管科学与艺术的9位神女的通称,她们分别掌管着历史、天文、史诗、情诗、抒情诗、悲剧、喜剧、圣歌和舞蹈,代表了当时希腊人文活动的全部。约在公元前5世纪,希腊的特尔费奥林帕斯神殿里的一座收藏各种雕塑和战利品的宝库,被世界博物馆界视为博物馆的开端;同在公元前5世纪建立于山东曲阜阙里孔子故居的孔子庙堂,则被视为中国最早的纪念类博物馆。但在其后的相当长时期,博物馆仅被作为供皇室或少数富人观赏奇珍异宝的收藏室。直到18世纪末,西欧一些国家博物馆相继建立,并向公众开放,博物馆的新功能才有了很大发展,人们对博物馆的认识也随之发生变化。

1946年11月,法国巴黎诞生了第一个世界性博物馆组织——国际博物馆协会,并将博物馆定义为"是一个不追求营利,为社会和社会发展服务的、公开的永久机构。它把收集、保存、研究有关人类及其环境见证物当做自己的基本职责,以便展出,公之于众,提供学习、教育、欣赏的机会。"至2000年1月,国际博协已拥有来自五大洲的团体和个人会员15 000多名,建有26个国际专业委员会,领导着14个所属国际性组织,涵盖了所有类型的博物馆和所有博物馆工作领域。根据2001年《世界博物馆》统计,全世界193个国家(地区)共有41 661座博物馆(不全),且约有一半都是20世纪后50年建立的。当代博物馆发展最快的是欧洲、北美及大洋洲地区,特别是美、德、英、法等发达国家。成立于1846年的美国史密森尼博物院(Smithsonian Institution)被称为"博物馆王国",是全世界最大的博物馆机构,拥有16个博物馆和1亿3千9百多万件文物标本和工艺品。英国大不列颠博物馆、法国巴黎罗浮宫、纽约大都会艺术博物馆、纽约自然博物馆、大英自然博物馆等都在世界上享有盛誉。在欧美国家,博物馆大众化趋势也明显加强。大型的著名博物馆、城市密集的博物馆群体和星罗棋布的各式各样的中小型博物馆、社区博物馆,日益形成一个覆盖全社会的多姿多彩的现代博物馆景观,发挥着博物馆所特具的娱乐、教育等功能。20世纪科学技术的发展推动了博物馆的迅猛发展,科技博物馆、科学中心在世界各地成倍增长,高新技术的发展给博物馆注入了新的活力,使博物馆的教育活动更加丰富多彩,博物馆已日益成为国际旅游发展的良好基地和国际交流的重要窗口。

(二)国内发展史

中国博物馆事业起步较晚,新中国成立前夕,全国只有25座博物馆(其中9个是外国人所办的博物馆),多已陷入瘫痪或半瘫痪状态。随着新中国的成立,博物馆事业进入到一个崭新的历史发展阶段,中国历史博物馆、中国革命博物馆、中国人民革命军事博物馆三大馆的建立,是我国博物馆在20世纪50年代的繁荣标志。全国各地还建立了一批地、市、县级的中小型综合博物馆,至"文化大革命"前的1966年,全国文化系统的博物馆已发展到160个。改革开放以来,博物馆工作更加得到重视,从国家到地方、从部门到个人,全国不同类型、不同体制、不同学科博物馆的数量飞速发展。到1999年底,仅文物系统的博物馆已有1357座,连同其他体制的博物馆已超过2000座。近年来,随着我国经济和文化水平日益发展,国家又投入大量资金新建了一批大型博物馆,1996年建成的上海博物馆面积为4万平方米,1998年建成的河南博物院面积达7.8万平方米。不仅如此,民办博物馆也在逐渐兴起,如北京民办公助的炎黄艺术馆、民营企业家独自建立的中国紫檀博物馆和上海收藏家兴办的计算机博物馆等更进一步拉近了博物馆与社会的关系。1983年,中国正式加入国际博协,把中国博物馆带入了与世界发展同步的轨道,发达国家先进的博物馆管理经验和理念极大地促进了我国博物馆事业的发展。我国也积极投入于国际博协在世界各地所倡导的各项活动中,将世界博物馆的最新理念与中国博物馆工作密切结合起来。

第三节 博物馆休闲的现状及问题

一、国内博物馆休闲现状及问题

(一)国内博物馆休闲现状

伴随文化建设的现代化进程和文化休闲的繁荣,博物馆休闲迅速兴起。如北京故宫博物院一直是北京接待国内外休闲者最多的景点,与休闲结下了不解之缘。截至1999年底,全国文物系统的博物馆已达1357个。若再加上各大系统、各行各业的专题博物馆,中国博物馆总数已超过2000座,收藏品总量大约超过了8000个,年参观量1.5亿人以上,涌现出一批现代化程度很高的博物馆,如陕西历史博物馆、上海博物馆、河南博物馆。现今,自然、历史、艺术、民俗、遗址、军事、经济、科技、宗教等各门类的博物馆以及新疆、云南等地的少数民族博物馆、生态博物馆和生态文化村的相继建成,共同组成了中华民族文化创新特色的博物馆休闲风景线。然而,从总体上看,我国博物馆休闲开发与世界上休闲发达国家相比还比较落后,资源优势还未转化为经济优势,而且还有不少有名气的博物馆经常是冷冷清清,甚至根本不在休闲者的日程中。

2008年1月23日,中共中央宣传部、财政部、文化部和国家文物局联合下发了《关于全国博物馆、纪念馆免费开放的通知》(下面称《通知》)。根据《通知》,2008年起,福建、浙江、湖北、江西、安徽、甘肃和新疆7省(区)文化文物系统归口管理的省、市、县级博物馆全部向社会免费开放。其中,文物建筑及遗址类博物馆暂不实行全部免费开放,继续对未成年人、老年人、现役军人、残疾人和低收入人群等特殊群体实行减免门票等优惠政策。博物馆、纪念馆按照市场化运作举办的特别(临时)展览,可根据实际情况确定门票价格。《通知》的出台,有吸引公众走入博物馆和纪念馆的考虑,但单纯的免费开放能多大程度上刺激人们的神经,能多大限度地改变博物馆、纪念馆冷清的局面,这是最大的疑问。

(二)国内博物馆休闲存在的问题

1. 促销不力

多数博物馆对宣传促销工作不重视,促销手段滞后,博物馆知名度不高,难以适应竞争日趋激烈的休闲市场。

2. 缺乏合作

博物馆缺乏与休闲部门的主动合作,休闲市场运作网络不畅通。除少数热点博物馆外,大多数博物馆尚未被编入常规的休闲线路中。

3. 服务人才奇缺

随着博物馆免费开放这一举措的逐步推广,几乎所有已经免费开放的博物馆、图书馆都加大了人力投入。目前增投的人员,主要集中在展品和典籍的保护、参观秩序的维持等岗位上,但现有人员的配置仍然不足以应对免费开放过程中接踵而至的问题,无法从根本上提高服务质量。

4. 资金严重缺乏

就我国目前的博物馆基础设施来看,能够达到恒温恒湿水平的仍是少数。

而观众流量的增多,无疑对珍贵馆藏的保护构成了更大的威胁。设施的保障、人才的投入,都要求资金跟得上。如何填补资金缺口,成为博物馆免费开放的瓶颈。

5. 法规不健全

我国目前关于文化的法律法规极不健全,现有的关于文化的法律只有《文物保护法》。要加快文化立法进程,特别是文化事业促进法和文化产业促进法,在这两个基本法的框架下,建立一些相关行业法规,同时应该完善实施细则,建立和完善一套完整的法律制度体系。

二、国外博物馆休闲现状

自2008年1月1日起,法国各地14座博物馆向参观者免费开放其永久性陈列,目的是吸引新的参观群体,特别是那些从未踏入博物馆大门的人。一个月下来,14座博物馆接待的参观者数量普遍增加了50%至60%。法国这些博物馆免费开放后,诸如参观者人数超过博物馆承受能力或参观者不文明行为破坏藏品之类的问题鲜有发生。究其原因,法国人对博物馆免费开放并不完全陌生,多年来,每个月的第一个星期日、法国国庆日和一年一度的"文化遗产日"都是法国博物馆的免费开放日。

英国财政部2001年12月决定,政府支持的博物馆(含美术馆)的永久陈列品对公众免费开放可以享受增值税返还。到2005年10月,免费开放制度扩及英国48所大学的校立博物馆。目前,英国文化、新闻和体育部每年拨款4000万英镑用于弥补下属12家博物馆因免费开放遭受的损失,该部主管的所有22家博物馆每年还能享受总额为3.2亿英镑的预算支持。不过,免费开放一般来说仅就永久性陈列而言。为吸引参观者,英国各类博物馆都会不时推出收费的临时或特别展览。大英博物馆70%的经费来自政府的财政支持,包括政府直接拨款和政府建立的国家遗产彩票基金会的捐助。其次是社会、企业和个人捐助。

在加拿大,联邦和各省议会大厦等历史建筑,以及一些主题博物馆都长年免费开放。这些场馆既是爱国主义教育的重要基地,也是向外国游客展示加拿大历史文化和建设成就的窗口。之所以取得良好的社会效益,与这些场馆服务与保护并重的措施密不可分。每个免费开放场馆都根据自身保护要求,制定了细致的管理规则,清楚地标在门票背面、相关宣传册和告示栏中。除"请勿大声喧哗"、"请勿触摸文物"等规定外,对禁带何种物品、是否可拍照或摄像等也有明确要求及违规的相应处罚措施。

(一)美国

博物馆享受免税政策,经费主要来自社会。美国博物馆大多不把政府拨款作为资金来源,博物馆的经费主要来自于社会。比如通过博物馆基金、民间捐款、纪念品销售等,有时候地方政府也会特别拨款。博物馆也能通过租赁藏品或投资的方式获得资金。由于属于非营利机构,美国博物馆享受政府的免税政策。

美国许多博物馆是免费向大众开放的。洛杉矶有几十家博物馆,完全不收门票的博物馆有11家,有8家博物馆每周免费开放一天,每个月免费一天的有11家。加利福尼亚科学中心工作人员介绍说,该博物馆虽然不收门票,但通过成立会员俱乐部的形式扩大资金来源。

(二)英国

大型博物馆都免费,管理费用有三个来源。英国博物馆数量众多,如果连小型的私人博物馆算上,足可称数以万计。一般而言,大型博物馆都免费。比如作为世界三大博物馆之一的大英博物馆,除了1972年的几个月外,自1759年以来一直都是免费对外开放的。免费开放的博物馆,管理费用一般有三个来源,一是政府拨款,二是社会捐助,三是博物馆举办的主题展览。

(三)法国

走低价路线贴近群众,部分博物馆将全日免费开放。据不完全统计,法国共有各种类型博物馆4975座,是世界上拥有博物馆数量最多的国家之一。法国博物馆一直走"贴近群众,低价路线"。在法国,大多数国立博物馆的票价由政府机构"国立博物馆联合会"制定,并受该机构监督。很多博物馆执行每逢月初第一个周日、法国国庆日及"文化遗产日"免费参观的原则。以罗浮宫普通展览为例,成人票价为9欧元,星期三至星期五属于夜场展览,票价从18点后降至6欧元。法国政府从2008年1月1日起14家博物馆、纪念馆全日免费开放。

三、我国博物馆休闲的发展对策及前景

(一)博物馆休闲的发展对策

1. 转变观念,在充分调查基础上不断丰富博物馆类型

首先要做的是转变观念,重新认识博物馆在旅游中特殊的地位和作用。博物馆应面向观众的需求和旅游偏好,以最大限度吸引游客、最大化满足游客的需求为原则,通过详尽的观众调查和市场研究,创建一批题材广泛,主题新颖的艺术、考古、文化、科技博物馆,以适应观众的多样性的需求。比如可建立汽车博物馆、钱币博物馆、儿童博物馆等富有特色的新型博物馆吸引游客。博物馆类型的丰富必将为博物馆休闲带来新的活力,吸引不同层次的游客参与到休闲活动当中。对休闲企业和景区景点来说,要实现休闲的可持续发展,勇于创新、以创新谋发展的理念必不可少。我国地方政府和旅游部门应该考虑新建或改造原有的博物馆,跟上时代发展的步伐。

2. 完善产品结构,注入高科技,增加产品附加值

我国博物馆休闲存在的最大问题出现在产品内容和层次上。如前所述,我国博物馆休闲的产品主要停留在观光游览的初级阶段,对核心产品,即产品的文化内涵发掘不够,忽视增加产品的附加值。博物馆是较高品位的文化旅游资源,仅仅陈列、展览展品是不足以体现其价值的,必须深层次开发其蕴涵的文化元素。博物馆应利用资源优势,将各类文物藏品串联起来,在展览内容、展览手段、展览环境、展览配套等方向下工夫。例如,举行各种主题的文化讲座、文物鉴定或播放专题影片,提供一些游客原本需要到图书馆或书店查询的信息,强化学习、教育功能,或开辟一个小区域,定期举办文化沙龙活动,使游客能够接受系统的学习。注重参与性体验休闲活动的开发设计,让游客多动手、多参与,这才是优化产品结构的出路。在运用高科技加大产品吸引这一方面,澳门的博物馆走在全国博物馆的前列。澳门博物馆广泛采用声、光、电等现代高科技手段,把历史场面和展品展示在游人面前,为游客提供了一种身临其境的美妙感觉。澳门海事博物馆通过动态的展示形式,在每一个展厅都设置一个小型电视屏幕,循环播出所展示物品的画面,让游客近距离且详细了解感兴趣的物品。休闲产品内

容活动越丰富游客就越愿意花更多的时间和金钱在游玩的项目上,从而为博物馆带来更多的收入。

3. 加大产品的宣传促销力度

搞好休闲宣传促销,博物馆应从以下几个方面着手:

第一,借助名人效应扩大知名度。不同时代、不同类型的名人在海内外有广泛的影响,借助名人效应,加强宣传力度,可以有效扩大博物馆知名度。有着430年历史的宁波天一阁博物馆借助黄宗羲和当代学者余秋雨的知名度吸引了很多慕名而来的游客。

第二,借助高科技,运用网络营销。在信息社会,最快捷有效的营销途径之一就是网络营销。

第三,借助新闻媒体,搞好公关活动,运用公共关系手段,与当地各种媒体合作,提高知名度。

第四,借助举办多种节庆活动扩大博物馆的知名度。借鉴国外博物馆在宣传促销方面的手段,我国也应尝试举办诸如"博物馆节"之类的节庆活动,以丰富多彩的节目和活动为博物馆休闲宣传造势。

4. 全面加强与旅游界的合作

博物馆与旅游界应进行全方位的合作:首先,旅游界与博物馆界要正确认识相互间的关系。旅游业要以博物馆为重点,深层次开发博物馆的旅游资源。博物馆要树立旅游意识和市场意识,积极参加旅游界举办的各项活动扩大在业界的知名度。其次,双方应加强相互联系。通过信息方面的互通有无,旅游部门可将旅游者的需求信息传递给博物馆。博物馆根据信息,结合市场需求确定自身产品的开发方向和重点,开拓富有特色的市场。双方可以通过合作精心设计出一些专题性的博物馆精品游的旅游线路,并且使这些线路成为影响大的著名景点。

(二)博物馆休闲的发展前景

1. 博物馆休闲发展的机遇

第一,我国博物馆休闲有良好的外部发展环境。据世界旅游组织预测,休闲业将成为中国在21世纪的一个新的支柱产业,中国也将迈入世界休闲强国的行列;2020年,中国将接待外来休闲者1.371亿人次,成为世界上第一大入境休闲目的地国家。大量的境外游客涌入国门,给博物馆休闲的发展带来千载难逢的机遇。第二,人民生活水平的提高和对文化旅游产品的需求增长。人类正开始进入一个休闲消费时代,中国也正处在这一进程当中。中国旅游业经过20多年的发展,已成为国民经济的重要产业,在国家实行双休日和延长法定假日以后,休闲度假悄然兴起,人们的旅游观念逐渐变化,休闲旅游已成为热点。据调查,我国小康水平的家庭占全国家庭总数的60%,其休闲潜在需求不可低估。博物馆面临这样的消费需求,应当抓住机遇,大力发展博物馆休闲。

2. 博物馆休闲发展的挑战与机遇

第一,文物保护与休闲开发的矛盾。传统的大众休闲带来的最突出问题就是文物的破坏。游客的大量涌入,必然带来排污量的激增;过量接待会造成文物区域历史风貌的破坏、野生动物生存环境和生态系统的破坏;大量的接待设施,也会使原有的自然景观受到威胁;在游览过程中,众多的游客呼出的二氧化碳气体中含有大量的水分,这些水分和空气对文物古迹有着强烈的腐蚀作用。

第二,其他休闲产品的竞争。我国休闲业经过几十年的发展,已形成了较为完善的休闲网络体系。在休闲产品开发、规划、经营、促销、宣传等方面形成了一整套的措施和方法,并且有自己相对稳定的休闲客源市场,有些旅游地还塑造了本身独特的休闲形象。对于处于发展初期的博物馆休闲来说,要开发出有特色的旅游产品、树立起自己良好的旅游形象、闯出自己的市场,将是一个很大的挑战。

第三,面临这些挑战,博物馆必须强化自身的休闲意识,组建由参观、娱乐、饮食、购物、休闲构成的"五位一体"的服务群落,以吸引更多的观众,改善博物馆的形象,增加博物馆的收入。同时,旅游界人士要重视博物馆休闲,为本地区游客提供娱乐、休闲的场所,为国外游客提供表现中华民族文明的博物馆休闲产品,大力发展科技博物馆休闲、博物馆特色休闲,改善博物馆休闲接待设施,改善展陈形式,增加互动参与内容,加大对本地游客的吸引力,吸引更多的游客转向对博物馆的观光、游览和休闲。

第四节　博物馆休闲案例

一、英国伦敦科学博物馆案例

（一）伦敦科学博物馆简介

伦敦科学博物馆是欧洲大型科技博物馆，位于英国伦敦南肯辛顿区，建于1909年，前身为1857年的南肯辛顿博物馆。建筑面积约4.5万平方米，陈列面积约3万平方米，分农业、飞机、船舶、车辆、动力机械、电力、钢铁、纺织、气象、原子物理、分析化学等70个展室。

科学博物馆是集自然科学、科学技术、农业、工业和医学为一体的综合性博物馆，其广博性在世界范围内独占鳌头，博物馆内设有70个展览室，约有20万件物品，分成7层展示，占地3公顷。这些展出物品说明了人类生活的各种发现和发明，从塑胶袋、电话到海外钻油设备和飞机。而全馆的安排让人一目了然：低楼层的陈列室专供年轻人参观，往往较为拥挤一些；高层楼的陈列室则展出较为精密复杂的东西。各室的展品中有实物、模型，有些展出它的横断面，使观众能看到展品的内部结构。

（二）伦敦科学博物馆的成功要素

1. 庞大的收藏品规模

伦敦科学博物馆是英国国立科技博物馆，有100多年的历史，具有极其丰富的藏品，有大量的火车机车、船舶、蒸汽机等工业革命中的珍品，有牛顿、法拉第等著名科学家使用过的各种仪器，甚至还有协和式飞机这样的巨无霸藏品。

此外，还有可供观众动手操作的展品，例如1930年建成的儿童展厅就有潜望镜、滑轮组、送料机等6件动手展品，直到1985年又开发出60多件动手展品，分布在6000平方米的展厅中，受到孩子们的热烈欢迎；20世纪70年代末推出的"探索"展览，包括对海底、人在月球上、行星与宇宙、不断变化的气候、生命科学等主题的探索,体现了各学科之间的互相渗透,3年累计观众达800万人次以上;20世纪80年代初推出的"集成电路块的挑战",成为让公众了解微电子技术的第一个大型展览,不到1年观众已达100万人次。

2. 开展科学教育培训

英国要求小学阶段开设科技教育,因此,小学教师往往把孩子们带到科技馆进行科技启蒙教育。科学中心也为教师开设培训课程,教师将科学中心的学习方式带回课堂。例如曼彻斯特大区科学与工业博物馆对学校的培训教育服务对象有12万人之多,它的教育培训计划排得很满,以至于报不上名的学校不能参加培训而只能组织参观。

3. 争取政府投资

英国的科技馆从立法和资金保障两方面得到政府的大力扶持。英国政府不仅斥巨资建立科技馆,而且每年为科技馆划拨大量经费,保证其运营。例如投资2300万英镑,在莱斯特兴建英国空间科学中心;伦敦科学博物馆每年的运行经费约1700万英镑,加上两个连锁馆达到2300多万英镑,其中85%以上由英国政府拨款;曼彻斯特科学与工业博物馆每年的运行经费为200万英镑,其中的80%由国家拨款。

4. 拥有专业咨询公司的策划

英国的咨询公司帮助博物馆在策划阶段就制订可持续发展的商务计划,他们用财务模型来测算成本,并考虑收入和开支的平衡;在门票收入方面把主要的市场目标放在经常参观的群体上,成熟的会员制可以为科技博物馆提供源源不绝的观众群体;让博物馆的营运更具创意,以自己的艺术产品、特殊的节日、主题活动等多种形式进行营销。

5. 保持与科学家的交流

英国伦敦科技博物馆成立"科学家俱乐部",请知名科学家参加,把他们的科研成果、科技设想或观念集中起来在科技馆展示,使科技馆成为科技创新的重要载体,成为科技资源的集散地,成为科技项目的推广站,以推动"产、学、研"一条龙的合作,促进科技成果的转化。

二、中国科技博物馆案例

（一）中国科技博物馆简介

中国科学技术馆是中国第一座大型的全国性的科学技术馆,位于北京市北三环中路一号。该馆1978年筹建,1988年9月一期工程竣工后正式开放。2000年5月,该馆二期工程竣工开放。中国科学技术馆是包括展览教育、培训教育、实验教育的综合性、多功能新型社会教育阵地。

（二）中国科技博物馆的成功要素

1. 产品设计理念

中国科技馆的展品设计,注重科学性、知识性、趣味性相结合,鼓励观众亲自动手参与活动,用形象生动的手法启迪观众的探索精神,这种教育不仅使观众掌握了科学知识,而且着力于培养思维方法和挖掘智能潜力。展品内容紧紧把握住基础理论与高科技、新技术相结合,启发人们探讨当代科技发展的趋势。

馆内的球幕电影厅是中国首座球幕（OMNOMAX）影厅,在这里观众可一睹高科技电影的风采。它采用双层球面,银幕直径达27米,六路四声道直体音响和超视野范围的画面,使观众难以分辨银幕边缘位置,犹如身临其境一般。自开放以来,已放映了美国影片《大峡谷》《飞向太空》《非洲大草原》等,深受观众欢迎。

2. 拓展临时展览

中国科技馆近年来安排了各类临时展览:国际太空美术作品、人类探索月球历程等探月工程系列展；西双版纳热带雨林、台湾自然地理风光、世界地质公园展等自然风光科普展；青藏铁路、科技奥运展、科技创新人才成长之路等当今热门课题展；计算机诞生60周年、人工智能诞生50周年、汽车诞生120周年等科技回顾展；建设资源节约型社会、室内环境与健康生活等环保科普展,可谓丰富多彩。这些都是成功的依靠社会、与企业合作举办展览的探索和创新。

3. 增加巡回展览

中国的科技巡回展览则始于1983年,当时尚处于筹建中的中国科技馆以安大略科学中心的展览为基础,经过加工调整,组织力量到内蒙古、青海、广西、湖南、新疆巡展,观众达30余万人次。中国科技馆的"中国古代传统技术"展览成绩斐然,在美国、加拿大、英国、德国、比利时、荷兰、瑞士等国及香港巡回展出,累计观众达560多万人次。

4. 重视人才培养

中国科技馆也十分重视学生培训工作,与台湾一家有20多年教学经验的科教中心合作,共同创办大自然科学实验活动。其办学特色是:以科学实验为主线,采用活动教学方式,使用创新技法,充分调动学生的主动性,亲身体验学科学的乐趣,在实践中培养他们的观察能力、动手能力和创新能力。

三、美国洛杉矶盖帝艺术中心案例

(一)盖帝艺术中心建设背景

洛杉矶是美国加利福尼亚州最大的城市,美国第二大城市(仅次于纽约市)。洛杉矶是美国人口最稠密也最多样化的地方,全球各地的人移民至此,并使用224种不同的语言,洛杉矶是全面世界级城市之一。洛杉矶盖帝艺术中心是洛杉矶的艺术指针。

位于美国洛杉矶(Los Angles)的圣莫尼卡山麓(Santa Monica Mountains)的盖帝中心,是保罗·盖帝信托基金(J. Paul Getty Trust)于1983年购置大约304万平方米的土地,在1984年,经一次国际方案征集,纽约的理查德·迈耶(Richard Meier)建筑师的设计方案中选,与园林建筑师劳丽·奥莱(Laurie Oline)合作设计,而其中之中央花园则是委托艺术家罗伯特·欧文(Robert Irwin)设计的。历经13年建设,于1997年12月16日完工开幕。

(二)盖帝艺术中心的借鉴意义

1. 以家庭为主的服务,艺术品的制作过程资讯

家庭中心(family room)有大量人像画收藏,中心复制一个与画像一模一样的实体环境在家庭的展示房间(show room),儿童在欣赏画作后,在实体环境中,透过服饰之穿着,完全打扮成画像中的人物,而其主要目的是希望参观者借实体的模拟,了解艺术家与肖像者如何传达与表达情感。另外,提供儿童绘画课,在儿童作品完成后,中心会在作品上打上中心的标志,并悬挂在家庭中心的墙壁上,使儿童产生个人的作品被中心所收藏的感觉,借以鼓励儿童对美术的兴趣。

2. 艺术资讯服务

每一个厅馆皆设有艺术资讯站,中心开发一个"接近艺术"的互动式典藏品的资讯系统,参观者可以透过此资讯系统,了解一个艺术品的历史背景及产生与制作过程,并透过实际的羊皮或金箔等材料的触摸,了解对各种构成艺术品的材质的特性,这使参观者不仅能欣赏艺术品,更能深入了解艺术家如何产生一个艺术作品的创作过程。

3. 感想与建议——创意、教育、骄傲、荣耀

整体而言,中心提供了学习艺术的渠道,较特殊的是艺术中心专注在艺术的创作过程中的教育,透过对艺术家的创作过程的了解与模拟,能够激发参观者的自我创意训练。

4. 现代科技与古典美学融合

在盖帝中心的花园,以相框造景、声音雕刻、季节对比等特色与强调明亮现代的主体建筑群,刚柔并济融合得恰到好处。中心里面的餐厅,食物美味,价格合理,就连最后收盘子所使用的方式都是运用自动化的轨道系统来收拾,令人眼界大开。

(三)洛杉矶盖帝艺术中心案例的借鉴

把单调的观看变成参与,从而提高游览者的兴趣。结合国内外的博物馆,洛杉矶盖帝艺术中心有其独特的一面。它以家庭式的展览方式,借以激发人们的兴趣与热情。

盖帝艺术中心给了博物馆休闲旅游很好的启示。既应当从展览出发,也应该兼顾培养人们热爱艺术、探索艺术的精神,使艺术变成人们生活的一部分,从而获得成功。博物馆建筑本身就是一门艺术,应该充分发挥建筑的体积感,跟现代科技完美结合,使艺术中心成为人们大开眼界的地方。

四、杜莎夫人蜡像馆

(一)杜莎夫人简介

伦敦杜莎夫人蜡像馆的创建人杜莎夫人生于1761年,本名玛丽·格劳舒茨(Marie Grosholtz)。在父亲阵亡于法国普鲁士战役之后两个月,年轻的玛丽便跟

随母亲的雇主菲力·哥德施医生学艺。17岁那年,玛丽为著名的剧作家及哲学家伏尔泰(Francois Voltaire)制作塑像,后来又为美国驻巴黎大使班哲文·富兰克林(Benjamin Franklin)制造蜡像。

玛丽在制作蜡像方面的天赋很快便广受赏识。她为哥德施于巴黎蜡像馆所作的塑像得到空前成功,好评如潮,并获得法王路易十六及玛莉皇后垂青邀请入宫。当时法国正酝酿爆发大革命,政局动荡,她被迫为死去的皇室雇主法皇路易十六、其他宫廷好友制作死亡面具,部分面具保存至今,并在伦敦总馆内展出。杜莎夫人的远见惠及今日,她所创立的蜡像馆经过200多年的变迁,仍然屹立不倒,让公众继续与心仪的名人接触。杜莎夫人于1850年与世长辞,但其精神却永远长存。

(二)杜莎夫人蜡像馆的特点

1. 明星"真实的互动"赋予了蜡像生命的灵性

跟迪士尼的卡通人物经营策略相一致的是,杜莎夫人蜡像馆不仅仅制作了精致逼真的蜡像,还利用消费者与蜡像的新奇互动,生产"独一无二的快乐体验"。通过与"名人"对话、游戏、零距离接触,拉近大众与名流的距离,满足游客内心最企盼的那份愿望。

比如,游客可以在卓别林的默片、冯小刚的电影中成为主演,并和"葛优"演对手戏;当然,还可以和"Twins"组合一起在舞台上唱歌,与"邓亚萍"比试乒乓球,甚至挑战"爱因斯坦"的智商。观众参加这些体验活动的时候,蜡像馆还能够为其拍照或者录像,最后制作成相框和影碟,供留念欣赏。这些互动也是杜莎夫人蜡像馆与其他蜡像馆最大的不同点,这时才真正地提供了消费者独特的"快乐体验"。

2. 名人随着时光流逝在改变,蜡像也在改变

所有的分馆每年都有一次定期更新,如迈克尔·杰克逊的蜡像一共更新过四尊,最早的那位"杰克逊"刚刚成长为国际巨星,最新的这位"杰克逊"已做过整形手术更接近白种人。同样,上海的新版"刘德华"也比香港的旧版成熟。2005年,当著名影星皮特和安妮斯顿分手时,纽约分馆就将皮特和安妮斯顿的亲密蜡像分开,而将皮特和新欢茱丽的蜡像放在了一起。

(三)杜莎夫人蜡像馆案例借鉴

1. 在选址方面

杜莎夫人蜡像馆在全世界的分馆无一例外都选在了当地最繁华的街区或者旅游景点。如纽约分馆设在时代广场的核心区域,香港分馆设在可以俯瞰全香港的繁华景点太平山顶,阿姆斯特丹分馆在著名的堤坝广场、上海分馆则位于繁华的新世界商厦等。这些地方都是交通最方便,人流最大的地方,这为杜莎带来了大量的门票收入。

2. 在提升知名度,打开市场方面

利用潮流事件来制造参观风潮是杜莎的营销高招。例如杨利伟成为中国首位太空人后,蜡像馆顺应最新的潮流,立即与相关政府部门联络接洽,制作杨利伟的蜡像,并在场馆内配上了简单的太空旅行互动活动。2004年张国荣和梅艳芳去世的时候,也都无一例外地选取香港分馆来举办纪念活动。

3. 杜莎夫人蜡像馆与各地的旅游团签订合同

除了公关宣传炒作以外,杜莎夫人蜡像馆还会与各地的旅游团签订合同,作为吸引游客的最佳景观之一,或用名人教育的形式向学校促销参观券。杜莎夫人蜡像馆还和世界各知名企业结盟制作特殊赞助展示区域,如与迪士尼公司合作"珍宝行星"卡通人物展、与环球电影公司合作制作"怪物史莱克"展区、与索尼哥伦比亚合作制作"蝙蝠侠"专区等。

4. 重视品牌,注重细节

杜莎夫人蜡像馆重视品牌以及力求每个细节都完美的标准,不仅使被塑蜡像的人感到放心,不必担心自己形象被破坏,而且这种严谨的企业价值让许多名人、明星除了配合做出数据的测量,甚至也贡献出了自己的一些衣服、配饰。比如华人首富李嘉诚标志性的黑框眼镜就是由他本人提供,张柏芝蜡像身上的裙子和鞋子也是她获得影后时所穿的。

杜莎夫人蜡像馆也会对这些名人、明星有一些承诺,比如对肖像权的维护、不滥用等。杜莎夫人蜡像馆与名人、明星之间是互相带来益处的关系,名人、明星的魅力带来更多的游客,杜莎夫人蜡像馆也为名人、明星提供了与大众的接触平台。

第四章

自驾车休闲规划与案例

第一节 自驾车休闲产品的定义、类型与形式

一、自驾车休闲的定义

自驾车休闲专指游客或者其中部分人自己驾驶汽车开展的休闲活动,包括驾驶私家车休闲、租车休闲、家庭式旅行房车休闲、拖车休闲等形式。自驾车旅游最早出现于20世纪的美国,早年流行于发达国家,最初人们把周末开车出游叫"周末驾车游"(Sunday-drive),后逐步演变成现在的更自由、更个性化的"自驾车旅游"(Drive Travel)。

驾车休闲最早出现在汽车业比较发达的国家,如澳大利亚、美国及欧洲一些发达国家。自驾车休闲虽然已有较长的发展历史,也是很多发达国家国内休闲的重要形式,但其理论研究也是近几年才真正引起国外学者的重视。中国由于自驾车休闲发展起步较晚,理论研究更是滞后,目前关于自驾车休闲理论方面的探讨和研究很少。国外学者关于自驾车休闲的概念、内涵的讨论相对较多,但目前尚未形成统一的看法,主要有以下几种观点:

布鲁斯·普利多(Bruce Prideaux)等人将自驾车休闲定义为"人们乘私家车或租赁车从原驻地出发至目的地旨在进行与休闲活动相关的旅行行为"。普利

多认为由于自驾车休闲与一般休闲相比不仅仅依赖于单个休闲目的地,而是多个休闲目的地组成的集合体,因此还可以从其组成部分来区分自驾车休闲与一般休闲,他认为自驾车休闲应当包括道路、食宿、信息、道路服务设施、交通法规、休闲吸引物等多项内容。

奥尔森(Olsen)考虑了时间因素,认为自驾车休闲是"人们乘坐自己的或者租用、借用的交通工具,离家外出至少一晚上,旨在度假或访问亲友的活动"。奥尔森在缩小自驾车休闲范围的状况下,认为自驾车休闲者确实有一些相似特点,他们驾车度假是为了追求自由、独立的感觉,并且自驾车休闲者自认为是"旅行者"而不是"休闲者"。

斯保兹(Spotts)等人认为自驾车休闲与普通的休闲没有什么重大差别,关键原因在于人们对自驾车休闲市场不了解。

与斯保兹的观点相反,伊比(Eby)和莫尔纳(Molnar)认为自驾车旅游者经常到人们不熟悉的地方休闲,目的是为了追求快乐、健康并获得教育,因此自驾车市场是休闲市场中特色鲜明的一部分。

斯科特(Scott)强调由于自驾车休闲往往包括多目的地的休闲服务消费,从系统的角度来看,自驾车休闲可以被看做一系列产品市场的组合,这些产品市场各不相同,并且会因经营者和旅游者的不同行为而发生相应变化。他还进一步完善了这种说法,认为应将支撑自驾车休闲发展的各种紧密交织的信息、制度网(包括自驾车旅游地图、汽车协会等)也考虑在内。

二、自驾车休闲的类型

自驾车休闲属于自驾车旅游。自驾车旅游在我国兴起的时间不长,但已有了不少的类型。对于自驾车休闲这种自主性比较强的旅游产品而言,它的分类可以以游客的类型为标准进行区分。就目前而言,自驾车旅游者主要有以下几种类型:

(一)观光度假型

这种类型的旅游者一般为工作较忙、出游的机会较少的人,他们往往利用有限的假期外出旅游,格外珍惜时间,总希望游览更多的景观,使整个假期得到最

充分的利用,以至于旅游归来后筋疲力尽。因此,其旅游目的主要在于体验驾乘汽车旅游观光的乐趣,由于时间紧,出游计划制定得极其详尽、紧凑,因而对所到之处仅仅是走马观花。这类旅游者对活动项目专业性要求不高,安全设施和舒适性在其对景观的综合要求中所占权重比较大。

(二)休闲度假型

相对来说,这类旅游者个人支配的时间较多、经常出外旅游,有比较丰富的旅游经验、消费的层次和品位都比较高,旅游目的主要是休闲娱乐、陶冶情操,对旅游景点不图数量而在质量。由于时间较宽裕,因而要对度假地的人文、自然各类景观细细品味。对这个游客群体,旅游活动项目的设置较之前者应花更大的精力,景观的文化含量和景区特质要有明显的表现。

(三)极限挑战型

这类旅游者最热衷于到人迹罕至的地方去旅游,其旅游的目的是了解自然、战胜自然、珍惜生命、显示生命的力量,挑战极限,因而往往避开高等公路,专门选择条件恶劣、险象环生的道路行走,以显示自身的力量,充分体验战胜自然的乐趣。为适应险恶的路况,其驾驶工具必为越野性能好的吉普旅行车。

(四)探险摄影型

这种旅游者主要是以探险、摄影为主要目的,其旅游目的地和道路的选择以险、奇、峻为准则,正所谓"无限风光在险峰",以便拍摄绚丽多姿的照片。住宿方式与极限挑战型旅游者很相似,帐篷是必备之物。

(五)随心所欲型

这类旅游者对大众化的旅游地感到厌倦,希望发现新的鲜为人知的旅游地,因而在旅游线路的设计上往往避开旅游热线,而选择那些尚未开发的地区。在旅行过程中,往往走走停停,至于行驶里程、投宿地点等,自主性很大,缺乏规划。

无论是哪种类型的自驾车旅游者,一个最大的特点就是自己掌握交通工具,具有极大的灵活性,而其活动也以自驾车为核心展开。

三、自驾车休闲旅游的分类

休闲产品的总的分类,如图4-1所示。

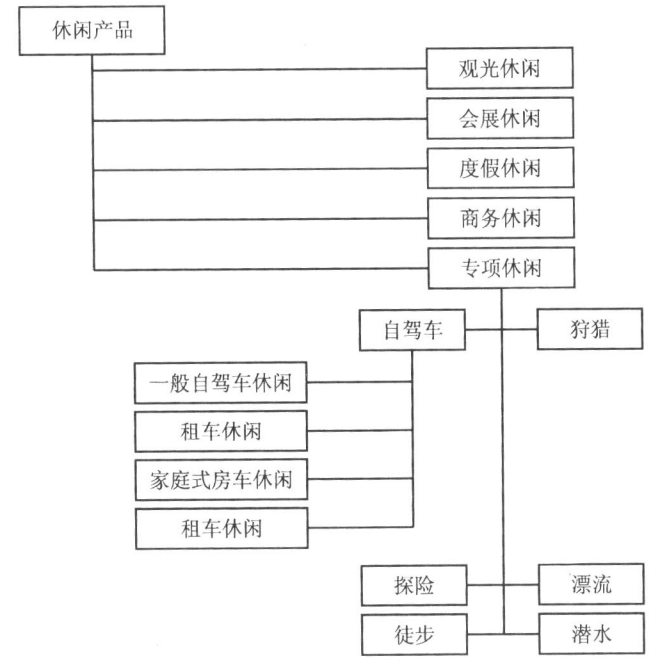

图4-1 休闲产品分类图示

按照一般的分类,自驾车休闲可以分为:一般的自驾车休闲、租车休闲、家庭式旅行房车休闲、拖车休闲。在这几种形式中,前两种多是我国普通大众家庭乐于选择的消费方式,参与者众多,是自驾车休闲形式中的主流。人们最熟悉并常常用来指代"自驾车休闲"的形式,是城市有车族家庭驾驶私家车进行的驾车游。租车休闲的形式,不仅面向无车族,同时也针对大批的有车族,其中异地租车尤甚。选择异地租车,多由于旅游线路所设计的路况不利于私家车的保养,或拟参与自驾车目的地与客源地间距离遥远,游客倾向于采取异地租车的方式。

另外,按是否有组织,自驾车休闲又可以有这样两种类型:一种是完全意义上的自驾车休闲,线路、行程、食宿一切均由旅行者自己操作;另一种则由旅行社组织,但其行程、标准等均由旅客自己确定,旅行社提供咨询服务与协助策划,根据旅客的不同要求,采取"全包价"、"半包价"或旅游"六要素"中的单项服务。但不管是哪一种形式的自驾车休闲,游客都有充分的自由,其线路选择、行程安排都是十分随意的,即使在旅途中也可以随时调整旅行线路。这就使得自驾车人能够随心所欲地充分体验身心的舒展与个体的自由,这也许就是自驾车旅游的魅力所在。

总的来说,从不同角度来看,自驾车休闲就有不同的分类,具体地,如图4-2所示:

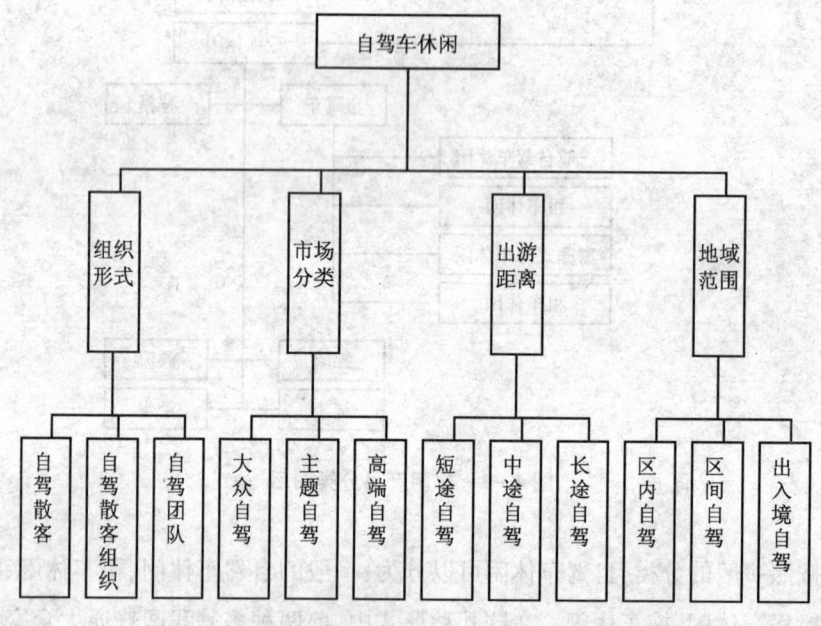

图4-2 自驾车休闲产品分类图示

四、自驾车休闲产业的发展

随着我国居民收入水平的提高,私家车开始走入寻常百姓家。据国家统计局有关数据显示,2006年全国生产汽车728万辆,比上年增长27.6%,其中轿车387万辆,增长39.7%。2006年,上海每年增加的私家车就达近10万辆。截至

2007年年初,北京的私家车已超过150万辆。

表4-1 2002-2006年汽车和轿车销售及2010年预测情况

年份	2002	2003	2004	2005	2006	2010
全国汽车销量(万辆)	324.8	439.08	515	570	727.97	7161
全国轿车销量(万辆)	112.6	197.16	232	285.48	380	2070

同时,汽车租赁业的迅速发展也为人们的自驾车休闲提供了方便。越来越多的休闲者借助于汽车租赁公司来完成自己的休闲活动。不管他们是否拥有汽车的所有权,只要他们采取了自驾车出游的方式,同样也是自驾车客源市场的重要组成部分。从这个意义上讲,汽车租赁业的繁荣在帮助更多人实现自驾车休闲之梦的同时,也为自驾车休闲市场的发展起到了不容忽视的推动作用。

我国一直很重视高速公路的建设,高速公路的不断完善为自驾车休闲提供了必要的基础条件。2006年,我国每万辆汽车拥有的高速公路为13公里,是美国的3倍多,德国的5倍,加拿大的1倍多。

京津、长江三角洲、珠江三角洲等地区是我国最早涉足发展自驾游的地区。凭借其自身的地区经济优势,相对其他地区丰富的资源以及较为通畅的高速公路网,自驾车旅游市场很快成熟起来,并且已经成为这些地区主流休闲市场产品。早在2004年"五一"黄金周期间,京、沪、穗三地自驾车休闲的家庭已分别占到出游家庭总数的16%、9%和8%。这些地区自驾游市场的发展具有一定的先导作用,在一定程度上带动了我国其他地区,例如四川、山东、哈尔滨等省市的自驾游市场,推动了我国各地旅游城市开始转线"自驾游"。

第二节 自驾车露营的含义与发展历程

一、自驾车露营的含义

汽车露营文化旅游(Auto Camping Culture Travel)是伴随着自驾车旅游发展而

兴起的,一般使用专门的休闲娱乐旅游专车,也就是我们通常所说的房车(Recreational Vehicle,简称 RV)。房车又被誉为"装在车轮上的家",该类车最早起源于 20 世纪 60 年代的美国,主要是为了适应美国家庭追求个性、休闲需求的用车,多为家庭的第二辆车,车内配有居家生活所需的常用用具和设备,如卫浴设备、热水器、床铺、炉台、烤箱、冰箱、衣物柜等,一般车内至少可以容纳 6 个人躺卧休息,最多可达 10 人左右,但是这类车较笨重,造价高,平日停车极不方便。汽车露营本身是由汽车文化繁衍出来的一种新的文化形式,它的最大魅力是使人们享受到汽车带来的快乐。同时,也会延伸出其他诸如露营文化、户外活动文化等新的文化形式。

自驾车露营是专项旅游产品。在产品的开发中,其产品特征与影响因素如表 4-2 所示:

表 4-2　自驾车旅游产品开发比较框架

特征	影响因素
区位描述	城镇地区、乡村地区、主体路线、位置、吸引物
旅游者特点	数量、停留时间、花销、市场细分、年龄、收入
可进入性,包括距离因素	接近城区、旅行时间、周边区位影响、模型特点
游客流特征	进入目的地的线路以及目的地之间的线路选择
消费模式	旅游者可以获得的产品和服务
吸引物	所有权、类型、开放时间、自然/文化、天然/人工
食宿	停车场、汽车旅馆、旅馆、露营、床位、疗养地等
促销	主体路线、公共或私人赞助、大众传媒等形式
历史	当地自驾车旅游起始时间、曾经游览的景点等
投资	私人投资部分、公共投资部分
基础设施	道路、通信、购物、汽车维修、食宿
利益相关者的合作	单个区域内部、区域之间、公共和私人之间的合作,包括以产品和目的地为联系的合作
公共部门参与程度	地方/省级/国家级、参与方式(政策、投资、补助)
经济影响	就业机会、新的商业机会、人流及网络等

二、自驾车露营的产生与兴起

(一)自驾车露营在国外的起源

露营一词(Camping)可追溯到早期人类在游牧、狩猎、迁徙、军事等活动中临时搭建的野外住宿场所和设施。露营本身与旅行是紧密联系的,是人们在野外各种目的活动中必不可少的组成部分。人类社会早期的露营是以生产活动或军事活动为目的的被动的露营。我们现在所说的露营是指近代的娱乐露营(Recreational Camping)。

娱乐露营的起源早在1853年。当时的英国人霍丁(Thomas H Holding)同300多人的四轮马车队伍一起跨越了美国1930公里的大片草原。后来他又用独木舟和自行车做交通工具在美国和苏格兰高地进行露营旅行,并在1908年出版了世界上第一本"露营者手册"。1907年,世界上第一个露营俱乐部由原来的"自行车露营者组织"和其他几个俱乐部合并在英国成立。1909年,该俱乐部由著名的南极探险家斯科特(Robert Falcon Scott)船长任主席。

另一件标志近代娱乐露营开端的事件是在1861年,美国华盛顿州的弗雷德里克夫妇为男孩子们开办了一所家庭学校。当年夏天,夫妇两人带领孩子们进行了为期两周的野外徒步旅行。孩子们在旅行中露营,划船,钓鱼和捕猎。后来这一学生野外教育活动作为传统延续了12年。

以基督教女青年会(YWCA)和基督教男青年会(YMCA)为首的宗教团体从19世纪70年代也相继开展了以休闲和教育为目的的露营活动。20世纪初期,以宗教背景创立的男童子军和女童子军以及他们的露营地相继在美国出现。

从以上这些早期的有组织的露营活动,我们可以看出现代娱乐露营活动是人类社会发展到一定阶段的产物。当人们不再为吃饱穿暖和自身安全等这些生存基本要求而奔波奋斗时,当社会生产力达到一定水平后,人们对精神和知识的追求,以及对旅游休闲和户外运动的需求就逐渐显现出来。而交通工具的发明、更新又为人们的这些需求提供了更为便利的条件。

(二)自驾车露营在我国的产生

在我国,由于政策、市场环境等方面的原因,我国驾驶房车休闲的人还不是很多，自驾房车旅游在我国还没有流行起来。目前在我国流行的自驾车休闲，其所采用的出游交通工具主体基本上是普通的轿车或越野车。因此，当自驾车休闲的概念延伸到我国时，我们所探讨的自驾车休闲主要是指在节假日或周末，人们驾驶普通的轿车或越野车外出的一种休闲方式。

三、自驾车露营的特点

（一）无形性

自驾车露营是无形的，它作为产品来说是看不见，摸不着的。驾着车游览名山大川、夜间住宾馆，参加各种娱乐休闲活动等，这些都是体验。这些体验一旦产生，就只能留在记忆中，供日后回忆。旅游者通过这种体验所带来的无形收益就是快乐、放松、方便、兴奋。

（二）季节性

季节性有自然和人为因素，自然因素主要指气候，人为因素则主要是集中的节假日导致的人流拥挤。自驾车露营作为一项旅游活动也具有很明显的季节性，导致旺季供不应求，设施、资源超负荷运转，淡季供过于求，设施、资源遭闲置、严重浪费。因为季节性的影响，营销面临的挑战就是要能在淡季取得收益。旅行社为了使产品的需求量保持比较平稳的状态，一般都会采取淡季降价，还有一种方法就是在淡季举行特殊的活动，如自驾车越野挑战赛、拉力赛等。旺季时，旅行社可结合自驾车的便利侧重组织能突出野趣和自助的自驾车旅游。

（三）关联性

旅游产品的关联性是指旅游产品不是由一种服务组成的，而是由一系列相互补充的副层次产品组成的，若各项关联产品的质量低劣，都将危及最终产品质量。由于自驾车旅游除了满足旅游者吃、住、游、购、娱方面的需要外还涉及其他方面的配合，如：加油站、宾馆或汽车旅馆、汽车俱乐部、租车公司等，只有多方面的共同合作才有可能为旅游者带来所预想的快乐旅游体验，如果这些关联因素中的任何一项出现问题都会影响其旅游体验的完美性。因此，旅行社要寻求合作，共同开发产品。可以与租车公司、汽车俱乐部合作，采用优势互补的办法，避免旅行社在汽车保养、维护、急救等专业方面的劣势，又可将驾车爱好者资源充分利用,是一项成本较低、投资较小、较易操作的方式。

四、自驾车露营休闲的发展历程

(一)自驾车露营在国外的发展历程

1. 早期阶段

20世纪初,当汽车工业兴起,人们可以拥有自己的轿车时,驾车旅游就成为时尚。许多以前借助马车或蒸汽火车来完成的旅行,让位给了汽车。人们在有限的假期里可以走得更远,看得更多。也就是从这时候起,在欧美等国家出现了汽车露营活动。1910年,现在"美国露营协会"的前身,"美国露营地管理者协会"成立。这也标志着在西方国家露营开始成为一个行业。

2. 国家公园发展阶段

美国为了对其大片的自然风景区加以保护和管理,早在19世纪70年代就开始制定了国家公园和州立公园制度。其标志为黄石国家公园的确立。这也是世界上第一个以国家公园命名的地方。1916年,美国国家公园管理局在内务部下成立,专门负责当时14个国家公园和21个纪念地的管理与保护。20世纪30年代,为了在经济大萧条后恢复人们的休闲娱乐需求,在许多国家公园中划定了相应的区域供人们驾车旅游时露营、休闲。这也将汽车露营活动推向了一个新阶段。

1932年,由英国发起的国际露营总会(FICC)成立。从1933年开始,除了第二次世界大战中的几年,这一世界性组织每年在不同的国家和地区主办一次露营大会。由国际露营协会主办的第76届世界露营与房车露营大会于2010年6月在克罗地亚乌玛格公园露营地举行,有32个国家的250万名会员已经在该联合会登记注册。

3. 20世纪50年代到60年代开始的行业整合阶段

第二次世界大战后,随着各行各业恢复和经济开始走向繁荣,此前在美国的许多运动和休闲俱乐部开始联合组成大型露营协会和联合体。美国的"全国露营与步行者协会(NCHA)"和"北美家庭露营协会"两大组织以及"加拿大露营俱乐部"在这一阶段先后加入了"国际露营总会"。

4."9·11"事件后的时尚生活方式阶段

近年来,随着20世纪80年代美国的"生育高潮"影响,尤其是2001年"9·11"事件后,美国和一些西方国家的人们对于生命和家庭的看法有了新的认识。他们更加追求紧张工作以外的放松和休闲生活,并尽量同家人一起,以帐篷露营或房车旅游的方式贴近大自然,与亲友共享天伦之乐。这就再次掀起了汽车露营的高潮。

(二)我国自驾车露营的发展条件

从20世纪90年代开始,我国汽车旅游逐步产生,然后到21世纪受到更大的关注,主要原因有以下4个方面:

1. 国内旅游持续快速发展是最主要的动力

从20世纪80年代中期开始,中国国内旅游兴起并持续快速增长。目前,我国国内居民的年均出游人次接近9亿,成为世界上规模最大的客源市场,令很多国家的旅游同行羡慕不已。据国家旅游局公布的数字,2004年,全国国内旅游人数达11.02亿人次,比上年增长26.61%;国内旅游收入为4711亿人民币,比上年增长36.86%;国内旅游者人均花费达427.5元。这无疑是包括汽车旅游在内的各项旅游开发与发展最雄厚、最坚实的基础。中国汽车旅游能够兴起,最主要的推动力就在于市场,市场有了汽车旅游的需求,大家才考虑怎么去组织、开发汽车旅游产品来满足市场需要,然后再去促进市场需求进一步增长,逐步实现汽车旅游的大发展、普遍化、高值化。

2."有车族"增加为自驾车露营创造了条件

目前,中国拥有的汽车数量比例正在明显上升,轿车已大量进入家庭,中国已步入"汽车社会",自驾车旅行成为家庭游、自由行的出游的重要方式。

3. 追求个性化的全球旅游发展趋势是自驾车露营发展的深层内在动力

个性化也叫特色化,就是要从事不同于别人的旅游活动,要获得不同的感受、体验,要有不同的经历和收获。没有特色就没有旅游,对于旅游者来说特色的最高境界就是个性化。我国旅游业尤其是国内旅游业取得了长足的发展,国民更加崇尚一种自由与个性化。

自驾车露营中很多家庭只有小轿车没有房车,但他们甚至可以在后备箱里带一个帐篷出去,找一块平整、干净的地方一支,在那儿过夜,两个睡袋,也很舒服,也是一种感受和体验。

4. 我国旅游资源丰富是发展自驾车露营的重要基础

我国旅游资源十分丰富,城市周边的度假休闲可以自己开车去,远一点的可以坐大篷车参加自驾车露营团,汽车俱乐部可以组织专业性更强的自驾车露营团,旅行社可以开发沙漠汽车探险、汽车环游、穿越青藏高原、重走长征路等各种自驾露营线路。西北人看惯了沙漠、戈壁、黄土、雪域,就可以参加自驾车露营,沿着丝绸之路开到江南水乡和大海边,沿着高速公路看看祖国的万里海疆的绮丽风光。相反,江南水乡、海滨、海岛的居民,可以花两个月的时间,组团开车去祖国的内陆、西部边陲,领略一下边疆风光、大漠高原的雄浑博大。所以,幅员辽阔、气候宜人、景观多样、资源丰富,无疑是我国发展自驾车露营的重要基础。

由此可见,自驾车露营的兴起与发展是社会发展到一定时期和阶段,我国旅游业进入更高层次、更新阶段的产物,同时也是我国旅游业发展的必然趋势。

第三节 自驾车露营的发展现状与问题

一、国外自驾车露营的发展现状

相关资料显示,汽车露营在欧美已是人们休闲旅游甚至日常生活的一部分。露营近年来在世界其他国家和地区也逐渐盛行,例如澳大利亚,新西兰,以及亚洲的日本,韩国和我国的台湾地区。据悉,欧洲拥有6000多个标准的露营地,每年的夏季都处于爆满的状态;美国1/4的劳动力、1/3的时间、2/3的收入、1/3的土地面积都用于此领域。目前,北美地区的露营地共有2万多处;房车总数超过一千万辆;2005年,美国露营人数更是达到2900万人;单是露营地的年收入就超过200亿美元。在欧洲,每到夏季,公路上的露营房车络绎不绝。遍布欧洲各个国家的大小露营地住满露营者。各种文体活动也吸引了成千上万的爱好者以露营方式参与。在2004年夏天英国的"格拉斯顿伯里音乐节"上,15万名音乐爱好

者搭起帐篷,聚集在英国萨默塞特郡参加这个世界上最大的音乐盛会。大大小小、五颜六色的帐篷很快成了音乐节上一道特殊的风景线。2001年,超过5万人参加了英国"全国露营和露营车旅行周"活动,到2002年,7.8万人一起刷新了一晚同时露营的纪录。2003年,这一纪录再次被打破,当时的一晚同时露营人数达到9.5万人。

在国外,自驾车露营早已被人们广泛接受,人们外出旅游不再仅仅是在导游小旗的指挥下匆匆游览各个名胜古迹、自然风光,而是选择更加轻松自由的自驾车旅游,因为旅游不仅可以丰富自己的知识、阅历,更重要的是通过旅行使身心得到彻底的放松。因此,如美国、加拿大、欧洲等国家的自驾车旅游都有了长足的发展。这些国家有专业的自驾车旅游网站,为游客提供开展自驾车旅游所需的景点介绍、地图、沿途可以开展的活动、旅途注意事项以及旅途上的各种服务设施等实用信息。

第二次世界大战以后,欧美许多国家经济迅速恢复,差不多所有国家的经济增长速度都大幅度地超过了战前。科学技术突飞猛进的发展使得劳动时间得以缩短,人们可以自由支配的闲暇时间增加了,从而产生了外出旅游的需求。同时,科技进步带来的交通工具的变革也为外出旅游创造了条件。汽车凭借其特有的机动灵活、快速敏捷的优点日益为广大欧美人所认可,发达国家越来越多的家庭拥有自备汽车,自驾车露营已习以为常。20世纪中期,发达国家和一部分新兴工业化国家加快了现代公路网建设,尤其是高速公路的建造与完善,使得汽车日益成为这些国家的主要旅游交通工具。其中以美国尤为突出,据估计,除经济衰退和汽油紧缺时期外,每年大约有一半的美国家庭要自驾车外出度假,早在1980年,美国自驾车露营就已占到了各城市间旅游的84%之多。实际上,美国旅游市场主要依赖于美国人驾驶汽车自由旅行的能力,汽车在滑雪者旅馆、狩猎和垂钓区、露营地、汽车旅馆、餐馆、游乐场及其他上百种旅游设施的发展过程中都起着不可估量的作用。

在法国,以家庭为单位自驾车游山观海,住汽车旅馆、露营地,既便捷又省钱。这种旅游方式,已成为法国人的一种生活时尚。

俄罗斯试图将公路沿线建设成为该国的文化走廊,让游人在旅途当中就能够感受俄罗斯的文化。俄罗斯积极与国际组织合作,积极开发公路两侧的地质旅游资源,不断改善公路基础设施条件,以吸引更多的游客。并为游客提供 GPS 导航系统,让游客准确了解公路旁景点的具体位置。这样,不仅满足了游客求新求奇的旅游心理,而且也改善了旅游目的地的经济和就业状况。

亚洲在这一方面也不甘落后。亚洲公路(Asia Highway)连接着东南亚大多数国家,公路两侧及附近区域不仅有着丰富的历史文化遗产,而且还保持着比较原始、丰富的地质旅游资源,景色美不胜收。近年来,各国意识到了其潜在的旅游价值,积极开展国际间合作,在完善公路基础设施、导游图、旅游景观开发、设计旅游产品、提高旅游服务水平、简化国际间通关手续方面都进行合作、交流与协调,目前已初见成效。

二、国内自驾车露营的发展现状

以往的国内旅游市场各方面发展还不成熟,是大众化的旅游,旅行方式各个地方都大致相同,忽略了个人的需要。如今,一大批"新型"旅游者正在形成,其特点是阅历广、经验多、要求高,更加关注自身生活内容和生命质量。他们希望参与到能够满足个人需要的旅游活动中去,体现自己的审美与价值观念,充分享受旅游的乐趣。于是,自驾车这种时尚、自由的旅行方式应运而生,并逐渐成为当代旅游业发展的新动力。

自驾车露营在中国出现只有几年历史,却受到了极大的关注,参加自驾车露营的人数在逐年成倍增长。中国汽车运动联合会露营分会成立并计划在未来 3~5 年内,围绕"三圈二线"设想建设露营营地,三圈即北京、长江三角洲、珠江三角洲三大经济圈,二线指北京至深圳、西安至乌鲁木齐的精品旅游线。力争在 5 年后使露营营地网络遍布全国主要城市的旅游景点。许多投资商看好这一机会,纷纷准备进入这一新兴的旅游行业。各地许多地方政府也逐步认识到汽车露营旅游是对常规旅游的一个重要补充,是一个能调动社会各方面投资积极性,更为环保和可持续发展的新的旅游经济增长点。

但是,目前由于露营地的匮乏和专业人才的不足,以及相关的政策和法律法规远远落后于市场发展的要求,汽车露营地的建设和管理尚存在着很多问题。

露营地是自驾车旅游的重点组成部分,没有安全卫生,方便环保,风景优美和高水平管理服务的露营地,就谈不上自驾车。

三、自驾车露营存在的问题

（一）自驾车露营新产品开发过程中存在的问题

自驾车露营作为一种尚不成熟的休闲新产品,在开发运作过程中还存在着许多问题:

1. 自驾车营地建设明显不足

目前,自驾车营地发展的瓶颈主要是营地建设不足,虽然各地方都在追逐这种旅游新业态,但是存在营地数量严重不足,自驾路线不规范等问题。

2. 来自旅游者或旅游组织者方面的问题

对目的地未做全面了解,未预订食、宿,许多旅游者往往在临时决定到何地后,就立刻驱车前往,没有考虑路况和沿途休息、吃饭、住宿等情况,结果得不到合理的食宿安排。

出发前不检查和保养车辆。这是新手驾车最容易发生的事,也往往是最危险的事,在高速公路或是弯道多的山路上作长时间的高速行驶时,一点点的机械或者轮胎问题都足以成为最危险的隐患。

3. 来自配套设施及服务严重落后方面的问题

在我国,相应的配套设施建设远远滞后于自驾车旅游的发展。比如,交通和路况信息的发布、明确的路标指示、加油站的合理布局与标志指示、汽车旅馆的建设、汽车维修以及紧急救援服务等方面,都有很多问题亟待解决,否则将限制自驾车旅游的发展。深入研究欧美等国在这方面的实践,将给我们以有益的启示。酒店、旅行社等应延伸其服务内容,向需要者印发诸如就餐、就医等信息,此外,人们对自驾车旅游缺乏足够的认识和重视,政府和行业缺乏相应的激励政策,自驾车旅游者的安全和权益保障乏力,缺乏价格折扣,旅行中支付、取款、使用信用卡等金融服务不够方便等,这些障碍都将影响自驾车旅游的进一步发展。

（二）制约国内自驾车露营发展的瓶颈

在我国,目前自驾车露营尚未达到水到渠成的地步,制约其发展的因素主要有：

1. 硬件设施

我国的公路网络仍不成熟，尚没有形成密集全国的高速公路网络，缺乏相应的旅游信息和配套服务。自驾车旅游者常常希望到达一般的旅游团到达不了的地方，看到一般的观光旅游者看不到的景致。但是，这些地方的公路标志、路线指引、旅游地图等交通信息都不够详细；同时也很难找到当地有关住宿、餐饮等方面全面、公正的旅游信息。再加上各地交通管理制度不同，驾车者缺乏对车辆的了解，行驶中往往会遇到意料之外的麻烦。

2. 旅游者角度

自驾车露营所需费用对一般的消费者来说也是一笔不小的开支。我国现有的公路收费状况并不尽如人意，如大陆汽车俱乐部在其组织的赴西安自驾车露营途中，几乎走不了几公里就要停下来交费。虽然每次只有几十元，但积少成多，一路下来花费不小，再加上汽油费，如果是租来的车，还要加上几百元一天的租金。对于目前我国的许多消费者来说，这还是难以承担的。

3. 旅行社方面

自驾车旅游对于旅行社来说运营成本过高。无论是组团社还是地接社，都认为自驾车的成本较高。如果游客选择火车的出行方式，旅行社可以放心地将旅客交给铁路部门，不必承担不必要的附加风险；而如果选择飞机出行，旅行社则可以拿到很大的折扣。相比较而言，自驾车出行给旅行社平添了许多麻烦：验车、路况考察等先期准备工作，耗费了旅行社的时间，也增加了旅行社的运营成本，同时，旅行社还要考虑游客在驾车途中所面临的风险及事故的责任分担问题。

四、我国自驾车露营开发对策

（一）政府主导，优化自驾车露营发展环境

自驾车露营具有高关联性的特点，更要求政府积极发挥主导作用，真正做到"政府有效引导、企业积极参与、市场正常运作"。比如政府可以为参与的企业提供某些政策性的优惠或引导，旅游局的网站可以与企业资源共享或连接；对旅游企业或组织可以进行专项的辅导与奖励,如建立有关自驾车旅游的线路标准、优秀企业标准等。加强部门协作,建立相应的协调机制,工商物价、公安交管、金融、保险等各部门从本地区旅游业发展的长远利益出发,真心诚意地为自驾车旅游者排忧解难。

(二)完善旅游信息系统,解决信息不对称

各大门户网站的专业版和各旅游专业网站应结合自驾游综合性的特点,不断丰富版面内容,进行旅游目的地信息的及时更新,给予自驾游旅游者正确的引导。另外,也可以考虑将"黄金周"期间的一些措施长期化,比如开通旅游服务呼叫热线并公之于众,发布各旅游景区景点的旅游预报(包括各旅游景区、景点的客流量、舒适度以及天气状况)和各地的住宿情况预报。还可以效仿国外,在机场、车站、饭店以及各主要景区、景点、交通要道等旅游者集散地,提供游人免费取阅的旅游资料或配置触摸式"旅游点点通"设备,在城市街区里建立信息亭(Information Booth)。

(三)发挥旅行社自身优势,丰富自驾车休闲产品内容

面对自驾车休闲这个潜力巨大的市场,旅行社应该转变角色,充分利用自身的优势(订车、订房等),放弃短线,努力开拓中、长线市场,创立品牌与特色产品。比如可以推行旅游套票制度,将有可能成为自驾车旅游目的地的旅游资源分类并做成套票,可按时段(如年票、月票或10日票、5日票等)收费,凡购买者可享受多重优惠,如免门票、消费打折等。这样可以将优秀景点与一般景点串起来,起到拉动的作用。旅行社也可自主成立自驾游俱乐部或开通"自由行"旅游专线,利用与酒店、景点等的合作关系为自驾车出游者提供优惠服务和导游服务。

(四)提高旅游景区、景点的"可进入性"

各景点、景区应加快与自驾游相配套的目的地基础设施建设,包括住宿、泊车、汽修等。景区在提高、完善设施接待能力与服务质量、增强安全保障措施的同时,也要注意对旅游资源进行深加工,挖掘旅游资源的文化内涵,提高文化含金量,从而全面提高其可进入性。为了使自驾游市场能够健康有序地发展,在逐步完善全国公路网的同时,还要大力推进包括汽车租赁、旅游救援、自驾车旅游服务中心、旅游保险制度等在内的相关配套旅游服务、设施、机构的发展。

五、我国自驾车露营休闲的发展前景

由于自驾车露营休闲旅游活动越来越多地被广大爱好者接受,为与此相关的行业,如房车、露营地、露营用品、旅行食品等厂家和经营者带来了丰厚的利润和市场机遇。可以说,包括露营行业在内的休闲旅游业是21世纪的重要经济组成部分。

自驾车露营休闲不论是对游客的身心健康,还是对整个社会的环境与经济效益,都有着不可忽视的作用。这可以从以下几方面得到证实:

首先,自驾车露营休闲不需大规模投入。充分利用现有自然条件,通过专业的设计和整体市场运作就可以收到一定的效果。其次,自驾车露营休闲包含了汽车、体育、文化、旅游、环保、房地产开发、交通管理、社会治安等领域及行业,是涉及多行业、多方位的产业。再次,自驾车露营休闲对参与者的文化素质,自身修养等条件要求高。从人们的环保意识到生活习惯;从人们对户外运动的参与程度到对自然景观的欣赏角度;这些都是与自驾车露营休闲产业能否健康、持续的发展息息相关的。自驾车露营休闲产业发展的自身规律是随着社会不断进步、人民的物质生活水平和精神文明同时提高的情况下才能有所形成和发展。结合上述特点和发展规律,我国在制定产业发展规划的时候要充分考虑到防止滥用资源、市场恶性竞争的情况出现。要采取循序渐进、培育市场的方法,既不抑制发展,也不能急于求成。

第四节 自驾车露营休闲开发案例研究

一、澳大利亚露营地——"漂流者假日营地"

(一)基本概况

漂流者假日营地(Drifters Holiday camping Ground)是澳大利亚四星级营地,

位于澳大利亚新南威尔士特威德河南岸附近,靠近海洋。该营地成立于1997年,已有12年的发展历史,各方面设施比较完善。

该营地利用了紧邻特威德河的优势进行开发建设,使河流的旅游价值能够充分体现出来。营地能够满足各档次游客的需要,单就住宿方面来说就有奢华的别墅住宿区,也有简单的帐篷搭建区,还有专门的房车停车场。可以说各种类型的游客在这里都可以在能够承受的费用区间达到休闲娱乐的目的。

(二)设施设备及服务情况

温馨之处:加热的地板砖、公共卫生间、浴室、洗衣房、残疾人专用设施、私人浴室。

免费的室外烧烤区:可容纳100多人,有遮雨棚,带有工作台的小厨房、冰箱和洗涤用具,提供牛排、沙拉、意大利面和外带食品。

餐馆:有优美的户外就餐环境;露营地厨房:烧烤用具、灶台、烤箱、冰箱、洗涤设施、电视。

会议室:可容纳120人,有演讲台和空调,提供传真、复印、互联网服务。

便利店和服务点:ATM机、基本零售商品、当天报纸、钓鱼用具、加气服务。

活动开展:海上冲浪、钓鱼、泛舟、游泳、打高尔夫球、散步、游览5个世界遗产公园、观景台观景、自行车运动、周末集市、观野生动物中心动物、巡航、海洋世界、电影世界、梦幻世界。

免费的网球场:标准的网球比赛场地,可以在接待处领到球拍和网球。

游戏室:是雨天或晴天游泳冲凉之后理想的去处,主要设施有桌上足球、乒乓球、弹球机、电视。

游泳池:可随着季节的不同而加热。有三个游泳池,有遮阳棚,有为初学者专门使用的泳池。

室外运动场:为小孩子准备的滑梯、飞狐、旱冰场、儿童俱乐部——海王星城堡,天天开放,并提供假期儿童看护服务。

免费项目:以1800开头的电话号码、机场、车站接送、烧烤及厨房用具、俱乐部内的大屏幕电视、礼宾楼的供热设施、网络连接前15分钟免费、儿童俱乐部、游泳池、假期儿童照管、房车停车看护、卫星电视、婴儿盥洗室、浴室、儿童录影带、图书馆、运动场、茶水、咖啡、牛奶糖、网球场及装备、潮水信息服务、游客信息服务。

(三)漂流者假日营地案例借鉴

该露营地发展较为成熟,设施完善;营地的经营者考虑得非常周到,在此露营地游客吃、住、行、游、娱、购的需要都能够得到满足,并且考虑到了残疾人的特殊性,有残疾人专用设施;该营地在开发建设时注意与周边自然景观相结合,在进行营地建设时注意保持景观的自然、原始性,并且有严格的规章限制游客数量,使环境得到有效保护;该营地网络宣传信息较为全面、及时、准确,宣传信息中配有地图、行车路线图,方便游客的出行。

二、我国自驾车露营休闲先驱——云南省

(一)发展现状

云南地区地势多样,地质资源丰富,另外,作为多种少数民族聚居区,民俗文化资源丰富,云南旅游资源的多样性、奇特性吸引着不同类型的自驾车旅游者前往,从而更好地满足了旅游者求新、求奇的心理。如地质考察、矿产考察、动植物研究、地理气候研究、探险漂流等,而这些活动都是以自驾车为依托去实现的;时下开发的三江并流区域大峡谷汽车探险、汽车环游、穿越滇藏高原、重走长征路等各种自驾车旅游线路;另有以茶马古道、南方丝绸之路为核心旅游产品的自驾游线路。

(二)云南自驾车露营市场迅速成长的原因

1. 公路交通的迅速发展

随着西部大开发战略的实施,云南的高速公路路网密集程度远远高于从前,云南地区尤其是有着丰富旅游资源和原生态景观的云南边远地区的可进入性得到了前所未有的提高,而这些边远地区恰恰正是自驾车游客所青睐的旅游资源。这样,就使得自驾车旅游得到了最大的便利,也提升了旅游感受并降低了自驾车旅游的风险性。

2. 云南省地质旅游资源丰富,公路与地质旅游资源互动良好

自驾车的开展需要一定的资源基础,在这方面,云南省有着得天独厚的优势条件。首先,云南省幅员辽阔,适合自驾车的中长线旅游特点;其次,云南气候条

件好,项目选择丰富,运行风险小,营救难度低,游客的生命安全有有力的保障;再次,云南的旅游产品丰富多样,能够满足不同人群的需要,无论对于城市周边的近郊自驾游还是远程的自驾车旅游团,都有丰富的产品选择满足其需要。

3. 云南良好的自然条件

云南大部分地区冬暖夏凉,四季如春,昆明更是被誉为"春城"。夏季最热月平均气温只在19℃~22℃之间。冬季受干暖气流控制,晴天多,日照充沛,最冷月平均气温也是在6℃~8℃以上。如此良好的气候条件,为旅游的发展起到了积极的推动作用。云南景色四季常青,鲜花不败,即使夜间露宿野外也不会觉得寒冷。因此,云南宜人的气候条件也是自驾车旅游迅速发展的重要因素之一。

(三)云南省自驾车露营发展中的问题和不足

与国外成熟的自驾车游市场相比较,我国的自驾车旅游还处于起步阶段,各种设施上、制度上的漏洞都比较多,如:旅游活动缺乏组织性,设施不健全,法制不完善,应急措施不到位,突发事件的处理能力低下。其中,最突出的问题表现如下:

1. 生态环境脆弱,缺乏预警

自驾车旅游虽然给景区发展带来了充足的客源和丰厚的利润,但同时也会对周围的环境造成损害。尤其是自驾车停靠所带来的地表植被破坏和自驾车行驶增多所带来的尾气污染,这对于景区环境和文物的损害是不容忽视的,有必要引起有关景区经营管理者的重视。

2. 景区服务水平亟需提高

自驾车旅游的发展,使更多的旅游者直接与景区接触,而不再是通过旅行社或其他旅游机构,这就增加了景区服务与游客之间的接触面,将景区的服务水平全面直接地摆在了游客的面前,接受着游客的全面评价和多样化考验。

3. 应急系统亟待完善

自驾车旅游的迅猛发展增加了景区的客流量和散客量,同时也增加了事故的突发可能性。由于自驾车旅游者大多是自发性活动,缺乏必要的组织管理,在景区游览时增加了活动的自由性,这就无形中增加了景区的安全隐患。景区的应急系统完善与否在此时便显得特别重要。能否在事故发生的第一时间解决问题,减少损失,实实在在地考验着每一个景区的应急系统和现代化管理水平。

三、大连金石滩——首家国际汽车露营地

(一)营地概况

大连金石滩黄金海岸国际汽车露营地位于国家 4A 级旅游景区的大连金石滩黄金海岸,拥有一流的环境和山海奇石风光,430 万平方米绿地,80 多处奇石景观,10 公里长的滨海情侣步道和登山观海步道,是继高尔夫俱乐部、狩猎俱乐部、马术俱乐部、发现王国主题公园、武术模特表演之后,诞生的又一时尚旅游项目。

(二)营地设施

汽车露营营地包括海滨、沙滩、草地、森林等区域,分为海洋娱乐、沙滩休闲、汽车营地、帐篷营地、服务保障 5 大功能区,可同时接纳房车 60 辆,自驾车 500 辆,露营者 2000 多人。房车营位带有水电接口,以后还将接入有线电视接口,上网接口等;营地还配备有房车、木屋、帐篷三大类住宿设施。

娱乐活动:开展篝火晚会、沙滩趣味运动会、露天烧烤美食、游泳、登山、垂钓、沙滩越野车、山地自行车、沙滩排球、网球、高尔夫、游艇、帆板、空中动力伞等。

四、我国房车优质线路简介

(一)八千里路云和月——自驾车环游南疆

迢迢丝绸路,绵绵帕米尔,驼铃摇荡着张骞的风尘,驿站背负着古道的岁月。如此辽阔的原野,如此美丽的风景,驾车出行,将会真正感受到悠远、壮美和自在。南疆太大了,景点又很分散,不知道从哪里开始最好。可以从乌鲁木齐出发,以塔克拉玛干沙漠为中心,穿越帕米尔高原,环游南疆。越过"死亡之海",一睹千年古迹,逛"巴扎"和"麻扎",饱览民族风情。

行车线路:乌鲁木齐—和田—喀什—阿克苏—库车—吐鲁番

(二)梦境川滇之奇山秀水——驾车游览西南

西南地区是一个经济潜力极大、自然风光雄奇、民俗风情丰富、带有几分神

秘色彩的风水宝地。这里的气候有"一山分四季、十里不同天"之说。

行车线路:重庆—娄山关—贵阳—柳州—桂林—北海—南宁—都匀—红枫湖—重庆

(三)椰风,椰风,挡不住的诱惑——海南行

有时候人就需要一种成就感来鼓励自己,不妨在这个炎炎夏日去趟海南岛,租辆车,从海口出发,一路南行。如果是敞篷车,如果你不怕阳光,那你就会像许多MTV中的明星一般,驾车从椰林旁飞驰而过,在海边感受海风……

行车线路:海口—三亚—通什—万宁—文昌—海口

(四)无法拒绝的诱惑——甘南川西行

这里能够让旅行家感到跋涉的诱惑,让文学家找到创作的富矿,让艺术家找到灵魂的源泉。

行车线路:兰州—临夏—拉卜楞寺—郎木寺—若尔盖—九寨沟—黄龙—都江堰—成都—丹巴—海螺沟—成都

(五)品味文化之旅——水乡古镇自驾车

水乡有诗,水乡有文,水乡有史,水乡更有各种传说。每个水乡不管方圆大小都有其悠远的历史,小桥流水人家有着丰富的文化底蕴,走街读城每一步都是文化之旅。在假日或某个其他机会偶尔来到江南小镇,在自己的靴踏在春雨后街石上的清空声音中,不久就会走进一种清空的启悟之中。

行车线路:上海—角直—同里—周庄—南浔—乌镇—西塘—上海

(六)黄土地寻根之旅——自驾车北京、山西、陕西行

从1999年开始,北京、山西、陕西一线便成为自驾车旅游爱好者关注的焦点。这条线贯穿了中华文明从树冠到树根的整个脉络。经平遥古城、乔家大院、壶口瀑布、党家村、古城西安、黄陵和延安,最后回到北京,一条线下来,你将几乎看到整个中华民族的演绎和进程。

行车线路:北京—太原—平遥—壶口—西安—延安—太原—北京

(七)环行渤海——车行辽东之滨海风情

其实东北三省并不缺少美景,除了冬天之外,其他季节照样有许多值得去的地方,自驾车感受辽东及海滨风情,绝对是个不错的选择。从北京出发,经北戴

河、秦皇岛、兴城、锦州到达沈阳,然后再去千山、大连。一路上可以领略海的壮阔、欣赏辽河平原上的白墙红瓦、感受大连的浪漫气息。

行车线路:北京—北戴河—秦皇岛—山海关—锦州—沈阳—鞍山—大连—塘沽—北京

(八)在历史与文化中徜徉——自驾车中原五日行

中原自古以来经济发达,道路宽阔,可以方便地在邻近的城市之间穿梭。尽管现在这里的经济不再像历史上那般辉煌,但是交通依旧十分便利,自驾车到中原大地,把新城郑州、古城开封、古都洛阳、中岳嵩山和大少林寺来个一览无余,登上黄河大堤,亲近母亲之河,感受中原黄河跳动的脉搏。

行车线路:郑州—开封—白马寺—龙门—郑州—少林寺—郑州—黄河—郑州

第五章

户外运动休闲规划与案例

第一节 户外运动休闲概述

一、户外运动及相关概念

户外运动的概念有广义和狭义之分。户外运动(Outdoor Sports)的广义概念指所有在户外进行的以健身、休闲、娱乐为目的的一切运动项目;狭义则专指一切利用非人工场地(不是为了运动而建立的场地)所进行的带有一定运动强度、探索性、挑战性的体育运动项目总和。广义的户外运动几乎涵盖了所有运动,如室外球类、骑马、射箭、游泳、水上运动等无数大类和其中的各小项。但是,一个事物的含义太宽泛,往往会使之失去表达意义和研究意义。户外运动也是如此,因为绝大多数的运动都是可以在室外举行或实践中就是在室外进行的,广义的定义"户外运动"一词几乎等同于"运动",失去其存在的价值和意义。由此,户外运动的含义越来越朝狭义的方向发展。例如余宗贤等认为狭义的户外运动所指的是在自然的场地进行的体育运动。自然场地包括大自然(山水天地等)和人们为了非体育目的而进行的设施,比如公路等。王莉等认为户外运动是指在野外或在自然环境中进行的、与自然界紧密结合的新兴体育运动。仝仕胜认为户外运动是一组以自然环境为场地的带有探险性质或体验的体育运动项目群。我国国家登山运动管理中心对户外运动的定义则是：一组以自然环境为场地（非专用场地）的带有探险性质或体验探险的体育项目群。

分析上述的诸多定义，可以看出，虽然对狭义的户外运动的定义各不相同，但对其特点却基本形成了共识。

第一，以自然环境为场地，即在自然环境中进行的，或与自然界紧密结合；同时，以自然环境为场地，也说明了户外运动参加者是离开家到大自然中去进行活动的；又由于对大多数人，特别是城市居民来说，自己的家往往离大自然之间有一段距离，所以户外运动体现出异地性的特点。第二，户外运动具有探险性特点。参加者在活动过程中，体验刺激，释放激情，获得挑战自我、挑战极限的精神享受。第三，户外运动参与者是直接参与户外运动，而不是观看、欣赏等间接的参与形式。第四，户外运动更强调项目的新兴性，即在一个时期内较为新颖、时尚的体育项目。

二、户外运动休闲的类型

户外运动休闲形式多样，项目品种繁多，根据户外运动休闲的市场细分的不同，大致可以将户外运动休闲细分为四类：

休闲户外运动休闲：钓鱼、登山、冲浪、骑马、高尔夫球、跳舞、游泳等。

健身户外运动休闲：保龄球、网球、健美、溜冰、台球、潜水、羽毛球等。

极限户外运动休闲：探险休闲、海底休闲、沙漠休闲、狩猎休闲、激流休闲、攀岩休闲、高山探险、森林探险、秘境休闲等。

竞技户外运动休闲：帆船、滑雪、射箭、滑翔伞、徒步比赛、热气球邀请赛、沙漠汽车拉力赛等。

在以上四类中，最为人们熟知的户外运动休闲类型即为极限户外运动休闲，这也是近年来最广为推崇的时尚运动消费产品。它是由多项运动项目以及游戏、生活和工作演变而来、参与人群以年轻人为主的高难度观赏性体育运动，是人类在与自然的融合过程中，借助于现代高科技手段，最大限度地发挥自我身心潜能，向自身挑战的娱乐体育运动。它除了追求竞技体育超越自我生理极限"更高、更快、更强"的精神外，更强调参与、娱乐和勇敢精神，追求在跨越心理障碍时所获得的愉悦感和成就感,同时,它还体现了人类返璞归真、回归自然、保护环境的美好愿望,因此已被世界各国誉为"未来体育运动"。

三、户外运动休闲的独特属性

户外运动休闲与一般意义上的旅游既有相同之处,又有其特点。从宏观上说,户外运动休闲隶属旅游范畴,它是现代旅游的一个重要组成部分,户外运动休闲与一般意义的旅游的区别有三点:一是目的不同;二是活动的内容、方法、手段不同;三是最终的效果不同。具体来讲户外运动休闲有如下几个特征:

(一)康体性

户外运动休闲即使休闲者身心得到愉悦,又使旅游者在休闲中进行了体育锻炼,从而对旅游者的身心健康有重要意义。户外运动包含着广泛的体育活动,这些体育活动也具备着体育的本质功能:促进健康、增强体质。因此,户外运动的健身效能相对于其他休闲方式表现得尤为突出,成为户外运动休闲的一个重要特点。

(二)合作参与性

户外运动的目的不是为了取胜和竞技,而是为了娱乐。因此往往通过简化规则使活动的进行变得容易起来,大多数户外项目都不讲究专门技术,使得运动能力较差的人也能够很快的参与活动。

(三)自由性、随意性

户外运动以它的非拘束性受到了人们的欢迎。在户外休闲活动中,人们可以自由发挥,这里没有被淘汰的危险,也没有被歧视的感觉。因此,户外运动所得的乐趣是其他活动项目所不能比拟的。同时,还可以满足人们追求惊险刺激,征服自然的渴望,并满足了人们的好奇心。而且户外运动能够使人们在活动中增进交往,放松身心,精神焕发。

(四)旅游资源的重复吸引

传统的观光旅游产品是以满足观赏自然风光、城市风光、名胜古迹等为旅游的吸引点,这种旅游方式重游性差,而同一户外运动休闲资源对于同一户外运动旅游者却具有重复利用的价值,因为户外运动休闲的消费者更加注重的是体会户外运动过程,在重复的过程中不断追求新的目标,体验到更大的乐趣,这是普通旅游很难达到的效果。

(五)项目设施的专业要求

在户外运动旅游中,一些技术性较强的项目如攀岩、登山、帆船及其他探险活动等,必须要经过专业训练后才能参加,对户外运动旅游参与者有一定的要求。而体育旅游的组织者、旅游服务提供者也都要经过相应的专业训练才能上岗工作,相关的设备设施建设也必须符合专业标准要求。

(六)高消费性

户外运动休闲中的许多项目都是高消费的,这体现在三个方面:首先,设备费用高,如登山、汽车拉力赛等,对设备的要求都很高,有人称为"贵族运动";其次,休闲费用高,再以登山为例,在尼泊尔一侧攀珠峰,仅获得登山许可,就必须先向尼泊尔政府交纳1000美元/人;最后,户外运动休闲服务提供者的收费也高于其他形式的旅游。

四、户外运动与体育旅游

作为休闲娱乐的典型代表,户外运动和体育旅游日益得到人们的重视,然而,人们对户外运动和体育旅游的含义认识不清,经常将二者混为一谈。甚至,在我国许多体育院校设立的旅游管理专业(体育旅游方向)的教学过程和研究中,也出现了将户外运动和体育旅游两个概念和领域混杂的现象。针对这种现状,本章在开始进行对户外运动休闲规划研究之前,首先集中对这两个概念进行区分。

(一)概念范围上的不同

体育旅游(Sports Tourism)是人们离开永久居住地,进行以休闲度假、娱乐消遣为目的,以从事体育娱乐、参观与体育有关的事物为内容的旅游消费活动。它是一种把体育活动融于旅游活动之中的特殊旅游。这里排除了参加体育赛事、体育交流会等与体育专业有关的活动。

户外运动(Outdoor Sports)的广义概念指所有在户外进行的以健身、休闲、娱乐为目的的一切运动项目;狭义则专指一切利用非人工场地(不是为了运动而建立的场地)所进行的带有一定运动强度、探索性、挑战性的体育运动项目总和。

从上文的定义描述中,我们可以发现,较之户外运动旅游项目,体育旅游不仅包含与户外体育活动相关的旅游项目,还包含了与赛事相关的观赛活动、民俗体育活动等。现将二者的含义范围描述如表 5-1 所示。

表 5-1 休闲户外运动和体育旅游的概念范围比较

休闲户外运动		体育旅游	
休闲户外运动休闲	钓鱼、登山、冲浪、骑马、高尔夫球、跳舞、游泳等	体育文化旅游	体育修学、民俗节庆活动、民族传统体育、体育艺术欣赏
健身户外运动休闲	保龄球、网球、健美、溜冰、台球、潜水、羽毛球等	体育商务旅游	参加体育会议、各类体育赛事、国际体育博览会、体育艺术节、大型体育纪念或庆祝活动
极限户外运动休闲	探险旅游、海底旅游、沙漠旅游、狩猎旅游、激流旅游、攀岩旅游、高山探险、森林探险、秘境旅游等	体育设施观光游览	参观各类体育场馆设施、运动训练基地、体育名人故居寻访、古代体育建筑游览
竞技户外运动休闲	帆船、滑雪、射箭、滑翔伞、徒步比赛、热气球邀请赛、沙漠汽车拉力赛等	康体休闲体育旅游	各类体育运动项目:球类、体操、武术、戏水等
		极限探险体育旅游	探险旅游、海底旅游、沙漠旅游、狩猎旅游、激流旅游、攀岩、高山探险、森林探险、秘境旅游等

(二)研究现状上的不同

在户外运动的研究方向,通过对相关资料的检索,发现国内外户外运动相关的网站、书籍、杂志绝大多数以休闲娱乐或营销宣传为目的,而不是以学术研究为目的的。这些网站、书籍、杂志集中于户外运动俱乐部对产品的宣传、户外运动装备生产企业对户外运动装备和安全设施的介绍,以及户外运动参加者对户外运动内容的描述。而体育旅游研究的主要问题包括:体育赛事和体育旅游的经济影响研究、体育赛事的服务质量评估、体育赛事的财政平衡与财政贡献评价、体育旅游与城市发展的关系、体育旅游与社会文化发展、体育赛事目的地的发展战略等。

(三)关注重点上的不同

从研究角度看,户外运动的研究成果多数是从户外运动参加者,即需求者角度出发,研究如何提高活动的技术、安全、装备等,对户外运动俱乐部,即服务供应者的研究非常少见;而体育旅游研究绝大多数是从体育旅游服务提供者,即供给者的角度出发,研究如何更好地开展市场营销活动,为体育旅游者提供优质的服务,促进企业自身效益的提高和整个体育旅游业的发展。

户外运动研究的关注点集中于户外运动中身体状态的变化、户外装备、活动所需的技术、安全措施等;而体育旅游研究的重点则是旅游活动的对象物——旅游产品的开发和经营管理问题,以及体育旅游活动的特点、管理体制、体育旅游市场的需求特征等问题。

(四)两者的相通之处

"户外运动休闲"与"体育旅游"都具有异地性、暂时性、非就业性。考虑到旅游活动的主要特点就是异地性、暂时性、非就业性,因此,户外运动、体育旅游都有旅游活动的特点。户外运动和体育旅游是相互交叉的,它们具有共同的部分,也有不同的部分。其中,由于体育旅游是人们以参与和观看体育运动为目的,或以体育为主要内容的一种旅游活动形式,因此,户外运动中那些不以参与和观看体育运动为目的,或以体育为主要内容的项目,则不是体育旅游活动,如野营。同样道理,由于户外运动是一组以自然环境为场地(非专用场地)的带有探险性质或体验探险的体育项目群,因此,那些不是在自然环境中举行的体育旅游活动不是户外运动项目,如保龄球。

第二节 户外运动休闲的历史、发展背景、现状

一、国外户外运动休闲的发展史

户外运动现在已成为国内外广泛流行的体育项目。但追本溯源,它有着久

远的历史。早在古希腊时代,古希腊的自然环境和海洋性气候使希腊人热衷于户外运动。随着大工业生产造成的文明公害,以及都市化的生活方式都使人们渴求新鲜的空气和健康的运动,因此,户外运动流传到各个国家,深受人们的喜爱。

早期的户外运动其实是一种生存手段,采药、狩猎、战争等活动无一不是人类为了生存或发展而被迫进行的活动。"二战"期间,英国特种部队开始利用自然屏障和绳网进行障碍训练,其目的是为了提高野外作战能力和团队合作能力,这是人类第一次系统的把户外活动有目的的运用到实际中。"二战"中发生多起海难,后来经过统计发现,在海难中能逃生的人群年龄段多在28~38岁之间,经过专家研究发现,在这一年龄群中的人员大多心理成熟,有各式各样的生活经历,有良好的团队精神,而恰恰是这些因素能帮助他们逃生。

"二战"后,随着战争的远离和经济的发展,户外活动开始走出军事和求生范畴,成为人类娱乐、休闲和提升生活质量的一种新的生活方式。1989年,新西兰举办首次越野探险挑战赛后,各种各样形式的户外活动和比赛在全世界如火如荼地开展起来。目前,在欧洲每年都有众多的大型挑战赛举行。在美国,户外运动的参与人数和产值都位居所有体育运动的前三位。

19世纪后半期,消遣的概念开始产生。随着欧美国家人们生活水平的提高、闲暇时间的增多,以及新观念和新文化的发展,休闲、度假、疗养、健身、娱乐活动逐渐成为一种时尚。消遣旅游的足迹开始遍及世界各地风景秀丽和气候宜人的海滨、温泉、山区、峡谷、森林以及著名的大城市。一大批集食、宿、游、娱于一身的闲暇疗养胜地、度假中心、娱乐场所、休闲设施欣欣向荣地发展起来。室内的娱乐项目开始出现桥牌、投镖、台球、桥牌、保龄球等;户外开始流行登山、滑雪、漂流等体育项目以及赛马、垂钓、打猎、棒球、垒球、网球、高尔夫球、射击等休闲体育健身活动。

20世纪以后,随着旅游业的快速发展以及体育运动的普及,以户外运动为特色的旅游项目在欧美国家得以迅速发展。人们所喜爱的高山滑雪、徒步登山、海边沐浴、帆船、冲浪以及攀崖、漂流、探险等冒险刺激类项目,都是户外运动与旅游的结合。如瑞士是"欧洲屋脊",具有典型的山地气候,高山地区较寒冷,冰雪旅游资源得天独厚,就吸引了一些中低纬度国家的游客,仅滑雪旅游项目,每年接待的外国体育游客就高达1500万人次,创汇70亿美元左右;英国每年出国从事高尔夫球旅游的人数达300万人次;在德国,组织自行车旅游的旅行社有200多家,每年约有1200万人参加自行车旅游;在美国,1996年时就有700万人参与自行车旅游。体育旅游已成为令世界各国瞩目的旅游项目,许多国家将户外旅游作为一种高产出的旅游项目予以大力扶持和发展。

二、国内户外运动休闲的发展史

20世纪80年代初,户外运动从欧美国家传入我国,在一些探险活动的带动下,发展势头十分迅猛。据有关资料显示,我国以登山、攀岩、野营、远足等为主体的大众性户外运动俱乐部,到2008年年底,专业从事户外运动的俱乐部已达800多家,还不包括大量自发组织的非专业团体,主要集中在北京、广州、深圳、上海、成都等经济发达地区和大中城市,拥有会员近万人,每年组织数万人参加各种形式的户外运动。2005年4月,国家体育总局批准山地户外运动为我国正式开展的体育项目,这标志着户外运动从自发、萌芽阶段走向了规范发展的新轨道,实现了里程碑式的跨越,也预示着中国户外运动项目的进一步发展和飞跃。

随着经济的发展,中国人民的消费观念和生活价值飞速转变,现代的旅游者已不能满足大众化的旅游消费,更加追求特殊性、趣味性和有益于健康的个性化旅游消费。追求健康、娱乐、休闲、放松的生活势必成为人心所向,因此,旅游产品也必须随着旅游市场需求的发展变化不断升级换代。

户外运动作为现代旅游的一个重要组成部分,作为继生态旅游、探险旅游之后的又一专项旅游,以其健身、养神、休闲等特点带给人们一种全新的时尚生活体验,并且,户外运动旅游已成为全球性的时尚旅游活动。面对人们健康意识的提高,户外运动旅游作为一种可供选择的健身休闲方式,因其兼有娱乐、刺激等独特的魅力,受到了越来越多的人的欢迎,滑雪、漂流、攀岩、登山沙漠探险、徒步游、自行车游、自驾车游、高尔夫旅游、武术健身游、海滨健身游等户外运动旅游项目在我国逐渐兴起。

三、国外户外运动休闲现状概析

户外休闲在国外发达国家已经历了较长时间的发展,目前已比较成熟,具有以下几个特征:

(一)发展迅速,已形成较大市场

随着人们度假观念从休闲向保健和追求生活品质转化,"花钱买健康"的观念深入人心,与运动有关的旅游度假方式不断升温,在旅游业中的贡献率不断上升,并在国外形成较大市场。根据瑞士洛桑大学不久前对欧洲几个发达国家进行的一次调查,体育带来的经济效益约占一个国家国内生产总值的1%~2%,对旅游业的贡献则在4%~6%之间。调查还显示,从1997年到1999年,德国户外运动旅游年平均增长17%,法国增长7%。在西班牙,20世纪90年代以来,每年来该国旅游人数高达5600万左右,其中户外旅游者人数占60%以上,创汇始终稳定在170亿美元以上,占西班牙国民生产总值的9.6%。

(二)户外运动休闲在出境旅游中占有相当高的份额

这主要是户外运动旅游资源分布的"差异性和丰富性与人类各自居住环境的局限性和单调性"导致的。户外运动旅游资源分布的差异形成旅游客流趋向的动力,因而,在出境旅游中占有了相当高的比重。瑞士具有典型的山地气候,高山地区较寒冷,冰雪旅游资源得天独厚,吸引了一些中低纬度国家的游客,仅滑雪旅游项目,每年就创汇70亿美元左右。尼泊尔地处喜马拉雅山中段南坡,有许多人迹罕至的地方,外国旅游者到此地60%是进行探险旅游的。

(三)专门户外运动经营和促销部门

随着户外旅游市场的扩大,不少国家已有专门的户外旅游旅行社。据旅游行业统计,1997年,经德国旅行商组织的高尔夫旅行总数达5万人次左右,德国的旅游业界的几个"大玩家":图伊旅行社集团(IUT)、内曼旅行社(Neck Mann)、德国旅行社(DER)、杜塞尔多夫航空运输旅行公司(LTU)等把高尔夫旅游作为群众性旅游活动大力推展,有些旅行社的门市甚至有专门的高尔夫旅游柜台。

同时,随着户外运动休闲市场竞争的加大,项目开发者还把有的户外休闲项目利用互联网进行宣传促销。目前,世界上在互联网登记的滑雪场已超过2000

家,仅美国就有700余个滑雪场在互联网上注册登记。

四、国内户外运动休闲发展概析

(一)我国户外运动起步较晚,但发展迅速

在我国,户外运动的发展起步较晚,我国大规模的民间户外运动始于1995年,最初是由一些比较前卫的大学效仿国外大学组建的登山运动队发起,到了2006年年底,我国以登山攀岩、野营远足等为主体的大众性户外运动俱乐部已经发展到700多家,主要集中在北京、广州、深圳、上海、成都等经济发达地区和大中城市,拥有会员达数万人,每年组织上万人次参加各种形式的户外运动。

(二)"驴友"自发组织的户外运动日益增多

随着我国计算机网络的蓬勃发展,一种通过网络自发召集户外运动爱好者参加野营、登山、探险等户外活动的组织形式出现。这些户外运动爱好者有相对固定的群体和聚集地,参加者大多是以外企员工、大学生、国家公务员、自由职业者为主,文化层次比较高,年龄主要集中在20~40岁,他们在网上建立的户外网站和个人论坛就有上万家之多。

(三)国家对户外运动项目日益重视

2001年,国家体育总局下属的登山运动管理中心成立了户外运动部,专门负责户外运动的竞赛和行业规范的制定,还相继出台了《户外运动俱乐部资质认证标准》和《户外运动俱乐部技术等标准》,此后,又陆续加大了户外运动技术培训和资质认证力度,对从业人员和机构进行了规范化管理。2005年,国家体育总局将"山地户外运动"列为我国正式开展的体育项目。

(四)户外运动保险有所进展

2006年9月,太平保险有限公司、中体保险经纪有限公司联合推出了"登山及户外运动专项保险",成为我国保险市场上唯一的专项登山户外运动保险产品,填补了我国在该领域的空白,为我国登山户外运动的健康发展提供了一份保障。

(五)安全问题日益凸显

随着户外运动范围的扩大、参加人数的增多,意外事故也陡然增加,户外运

动的安全管理问题日益凸显。据国家体育总局登山运动管理中心统计,2000年到2004年,全国登山和户外运动死亡人数共有43人,其中登山15人,户外运动28人。

第三节 户外运动开发问题与对策

一、我国发展户外运动休闲的制约因素

(一)我国户外运动俱乐部"质量"参差不齐

由于我国户外运动整体发展的时间较短,市场运行不规范,因此户外运动俱乐部出现了鱼目混珠、质量参差不齐的现象。目前,国内许多大中城市都有不少组织户外运动和从事户外运动用品经营的企业和中介机构,然而绝大多数没有经过专门机构审批许可,这些经营者为了牟利,将野外生存、登山、探险等户外项目以旅游的性质做掩盖,有的将户外运动用品作为普通运动服装经营,以逃避相关部门的监管,给整个户外运动市场造成了不良影响;其次,俱乐部专业化程度低、组织管理松散也是当前普遍存在的问题。目前,国内具备资格的户外指导员、教练员、领队以及受过专业户外技能培训的人非常少,很多户外俱乐部的从业者、管理者都是由户外运动的爱好者转行而来,而且很少经过正规的专业培训,专业素质相对较低,"无证上岗"现象较为普遍。在组织管理上,不同的俱乐部也存在着很大差异,比如有的俱乐部有活动计划书,有的则没有;有些俱乐部没有办理保险;有些俱乐部没有定期的专业培训;有的只接受18岁以上的成年人,有的则没有年龄限制等。

(二)行业管理不规范,监管机构缺位

户外运动繁荣的背后,却存在着行业管理不规范,监管机构缺位等问题。我国的户外运动俱乐部是属于营利性机构,要到工商部门注册,要对俱乐部人员进行资质认证,由相关的体育部门管理,但是国内不少户外运动俱乐部还没有到相关部门备案登记,处于"无证"经营状态,难以得到有效监管。据不完全统计,目

前国内户外运动俱乐部有几百家,但是得到中国登山协会认证的只有34家。其次,我国目前还没有出台户外运动的相关法律法规,一些地方性规定还不健全,大多数地方的俱乐部资质认证及培训体系尚未建立,缺乏统一的管理,相关监管部门在具体工作中存在相互协调不够,监管机构缺位等问题。另外,国家登山运动管理中心只能在宏观上进行管理并没有真正的管理实权,其导向作用在各地区不明显,各地的相关体育职能部门与俱乐部之间的指导监管不够,因此很难进行规范化管理和约束。

(三)网络自发组织的户外运动容易引发安全事故

以网络自发组织的户外运动团体在我国备受青睐,这类团体的组织者和参与者以完全自助、费用AA制的形式,通过网络,发帖邀约一起进行户外运动,以达到结交朋友、锻炼休闲等目的,但是这些擅自组织活动的团体往往存在着专业性差、组织松散、没有责任主体、缺乏安保障、相互认识不深等问题。

据了解,目前我国正规运动组织机构(协会/俱乐部等)组织的户外运动中,很少发生重大风险事故;而风险事故绝大部分发生在非正规机构组织者和爱好者自发组织的活动中,这是由于组织者经验不足或忽视安全问题,从而导致重大事故频频发生。

(四)缺乏专业知识和应急处理能力

户外运动是一项专业性、技术性很强,危险性很大的运动项目。对于这项新兴的旅游项目而言,我国广大的户外运动爱好者仍是新手,在这方面没有足够的专业知识和训练,缺乏对突发事件的应急处理能力,一旦发生意外往往束手无策,无法自救。

(五)对户外运动的认识存在误区

户外运动发展的多样化造成了许多人对其认识产生误区。由于国内最初对于户外运动的理解来自于国外背包自助旅行的形式,所以很多人把户外运动片面地理解为自助旅行,其实,户外运动的范围要比自助旅行广泛得多,技术要求也高得多。

(六)缺乏风险防范意识、缺少安全保障

户外运动由于环境的不确定性以及内容的复杂多样性,决定了参与者必须面对一定的风险。但是我国大部分的户外运动参与者在如何防范风险,如何应对困难,如何在野外保护自己等方面的经验仍旧不足,对风险的规避意识仍然缺乏;由于受到我国长期传统的价值观念、思想文化、宗教信仰等方面的影响,人们在进行户外运动时,投保的意识非常薄弱。在我国参加户外运动的爱好者当中,大部分人不愿意加入专业的户外俱乐部,因为专业俱乐部组织的活动,通常要收取一定的费用,所以他们宁愿选择一些网友自发组织的活动,以至于发生意外的概率增加。此外,政府和民间团体的专业救援队伍以及应急救援保障体系还没有建立。

(七)缺乏户外运动休闲的经验积累

休闲媒介包括饭店、交通、旅游公司及上级主管部门和休闲从业人员等相关元素,而户外运动休闲还涉及户外运动专门设施和专项组织管理人才等。就中国休闲业的发展现状而言,休闲媒介已有一定的规模和水平,休闲行业的决策者对于新兴的户外休闲的利润超过常规休闲也有共识,但又普遍深感户外运动休闲肩负的责任重大,花的精力要比常规休闲线路大得多,而且团队比较难组,客源不固定,宣传的费用也较大,因而,休闲从业人士对户外运动项目多有畏难情绪。

二、解决户外运动休闲发展问题的对策

(一)加强宏观调控,制定可持续发展的户外运动休闲远景规划

在户外运动休闲开发时,要坚持可持续发展的原则,注意对自然、文化和人类生存环境的保护,而不能破坏生态平衡的关系。我们在制定发展远景规划时,必须考虑生态环境的承受能力,不但要符合当地经济发展状况和社会道德规范,而且要使自然资源得到保护,使人文环境得到改善。

从长远目标和最终目标来看,开发户外运动休闲是为了促进中国休闲业健康稳定发展,带动经济增长,改善国民生活环境。因此,对户外运动休闲可持续开发必须常抓不懈,通过法规政策的方式使其固定下来,在人们心目中造成一种"绿色发展"和"适度发展"的永不磨灭的印象。这样,在休闲资源开发中才能时刻提高环境保护意识,维护生态平衡,从而形成可持续发展的"户外运动休闲开发体系"。

(二)结合实际情况,平衡供需结构

中国户外运动休闲产品开发必须考虑中国的实际情况(或其支持系统),使之在适当的状态上达到供求均衡。

如果不考虑价格因素,影响户外运动休闲产品供给变化的因素有:社会经济发展水平;科学技术发展水平;环境容量;当地政府对发展户外运动的态度和政策。影响该产品需求变化的因素有:旅游者偏好;旅游者收入;旅游价格期望;旅游广告支出等。由于中国户外运动休闲开发较晚,经济社会发展水平、旅游者的收入水平相对较低,因此,中国目前户外运动休闲产品供需结构只能在一个较低水平上达到平衡,然后再逐步地向更高层次的平衡发展。

(三)加强休闲促销,刺激休闲消费

中国户外运动消费市场存在大批潜在的旅游者,他们对各种户外运动休闲产品还不甚了解,采取观望的态度。因此,要大力发展中国的户外运动休闲旅游,必须加强旅游促销、刺激需求,使潜在旅游者变成现实旅游者,从而增加休闲旅游消费。充分利用电视、广播、报纸、网络等媒体加大宣传力度,使更多的人认识、了解户外运动,营造全社会关注户外运动的舆论氛围,培养公众理性参与的习惯,推动户外运动在公众中深入开展。

针对国际休闲旅游市场,要组织休闲旅游宣传促销团到其他国家和地区,举办各种形式的休闲旅游说明会和推介会,同时邀请境外休闲旅游中间商和新闻媒体到中国考察、访问,通过销售促进、全球网络促销等宣传方式,提高中国户外运动休闲产品的境外知名度,吸引国外游客。针对国内旅游者,可使用媒介推广和商业推广相结合的宣传方式来扩大产品影响力。其中,媒介推广就是指旅游企业借助于各种媒介来宣传相关的旅游产品信息,但是每一类媒介都有不同的受众面,因此,旅游企业在推广专题体育信息时,宜进行媒介受众分析,并进行有针对性地选择。

(四)提高休闲旅游服务设施的科技含量,加强专门人才的培养

户外运动休闲专业性强,部分产品危险性大,对服务设施的科技含量、管理和服务人员的专业水平要求非常严格。例如滑雪所用的滑道的长度、弯道数及稳定性一定要严格符合国际安全标准;潜水基地一定要保证潜水衣的安全性和

避免水中生物的侵袭;汽车拉力赛的专用汽车、登山器具、攀岩器具、漂流器具等必须具备很高的科技含量以确保安全,而且大部分户外运动休闲产品在消费过程中必须有专业人员陪护指导,同时应配备相应的救护医疗队伍及采取相应的安全保障措施。

中国户外运动休闲必须与国际接轨,才能稳定客源、吸引更多的入境体育旅游者。对于一些国内还不能保障其科技含量的服务设施可适当地从国外购进,同时借鉴国外先进的管理经验,培训一大批专门人才。因为专门人才不仅是旅游的发起者、倡导者,而且是旅游活动的组织者与管理者。人类在长期的户外运动实践中会遇到许多迫切需要解决的问题,诸如资源的开发、利用与保护,市场的开辟,产品的设计,未来的发展规模与发展方向以及可持续发展等,而这些问题只有依靠专门人才才能更好地解决。

(五)建立户外运动应急救援系统

建立完善的户外运动应急救援系统,能有效地减少安全事故的发生和降低事故的死亡率。各级政府和有关部门要制定预防户外运动事故的应急预案,定期进行安全模拟演练,不断提高处理安全事故和突发事件的能力。

在这一点上,户外运动发展相对完善的一些国家的先进经验值得我们学习。部分国家的登山运动不仅对登山者的个人行为做出了诸如登山资格、登山登记等规定,而且还设立了救援组织。中国登山协会已经制定了一定的政策,如《国内登山管理办法》、《关于加强登山户外运动的组织和安全工作的通知》等,但政策本身的可行性和执行力度都不够,需要加强政策制定的科学性和执行的有效性。

另外,一些国家的俱乐部对户外运动的培训也是非常严格和系统的,如西雅图登山者俱乐部于1907年正式成立,它可以对学员进行两个级别的课程:初级和进修级。初级班的学生只有资格参加初级难度的登山活动,只有从初级班毕业才能进入进修班。从进修班毕业后,有资格申请领队资格。有领队资格的人可以独立召集队伍,组织其感兴趣的登山活动。这些课程都是长达数月之久的系统教学,保证了登山者具有安全活动的知识和能力。

解决户外运动安全防范问题,也应从加强三个方面的管理入手:

1. 户外运动活动者管理模式(如图5-1)

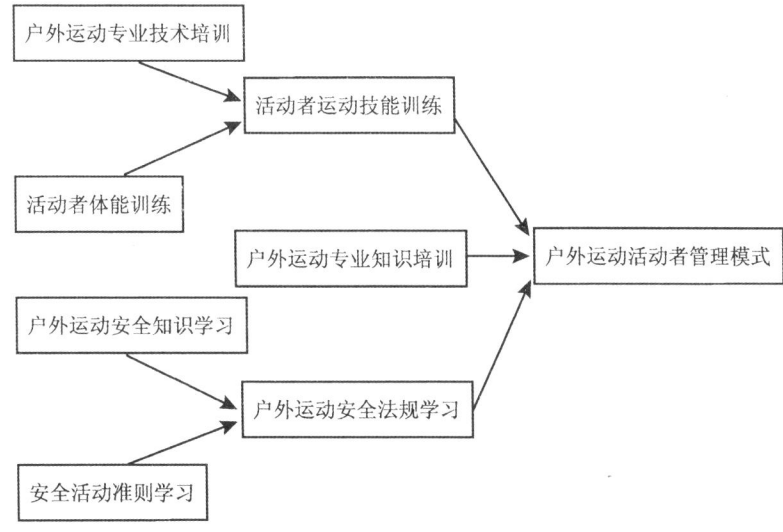

图5-1 户外运动活动者管理模式示意图

掌握必要的户外运动知识和运动技能是安全进行户外运动的基础,必须从专业的高度对活动者进行要求。对参加每项户外运动的人都要进行相关体育运动知识的培训,提前进行专业的体能训练,并掌握相关的安全知识和活动准则,避免在活动期间因个人不遵守法规而导致险情出现。

2. 户外运动组织者管理培训体制(如图5-2)

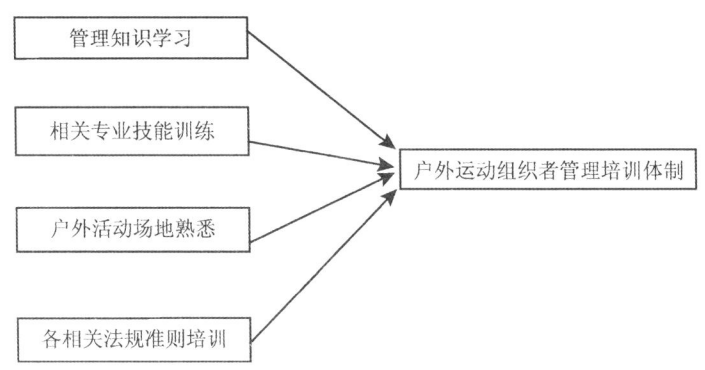

图5-2 户外运动组织者管理体制结构图

户外运动组织者要有一定的管理知识,对户外运动熟悉程度要高,专业水平要专。应有相应的培训及考核来界定组织者是否合格,是否具备承办户外运动的资格和条件。所以,对户外运动组织者的管理体制应是一种对组织者自身能力的培养系统。

3. 公众救援系统

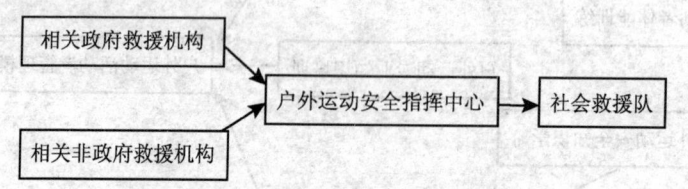

图5-3 社会救援队的组建结构图

这是户外运动安全管理最重要的一个环节,前面两个环节只是尽可能地去避免户外运动意外事故的发生,而这个体系则是发生后如何去营救伤者,如何处理事故发生后的各种问题。这些工作需要医院、公安机构、卫生防疫部门、消防部门、武警部队、保险机构、户外运动俱乐部、户外运动活动场地管理处等社会和政府的多个机构来协调完成,这些机构是相对独立的,应建立一个户外运动安全指挥中心,协调各个部门参与救援,建立一支社会救援队伍。

(六)户外运动用品的质量认证标准的确立

户外活动是一项专业性极强的活动,对产品提出了很高的要求,关系到安全和生命。户外运动服是一种有别于一般性运动装的服装,不仅要舒适、便于运动,更要具备防水、防风、透气、保暖和轻便等一系列专业特性,其对功能、品质的苛刻要求使得只有极少数的高科技先进材料和专业性的性能设计才可以满足需求。面对国内市场众多的仿冒产品,把产品质量标准化,相对于建立安全救援体系来说,是同样关系生命安全的问题。中国登山协会已于2006年1月下达了《关于征集登山户外装备国家标准条目的通知》,积极筹划相关产品质量标准的制定。

三、户外运动休闲在我国的发展前景展望

(一)我国发展户外运动的优势

1. 我国户外运动的时间保证

随着我国假日制度的改变,每周的双休日,每年的各类节庆休假体制的实施形成了各类大大小小的假期,给了上班族更多的闲暇。有了充足的时间,就能够保证更多的人用自己的方式参加这项运动,如自驾车出游、去野外野营等。

2. 户外运动的益处被人们认知

户外运动不仅可以锻炼身体和增强人的身体素质,提高我国人民的健康水平,而且是在自然山水中进行,可以远离城市的污染与喧嚣,起到愉悦身心、返璞归真、调节生活节奏的作用,达到人与自然和谐的目的。

3. 我国有户外运动的资源优势

陆地资源:我国境内分布着众多的山川,利用这些山脉资源可以进行登山、攀岩、越野生存、山地自行车、徒步越野、滑雪等野外项目。另外,我国还有很多知名的沙漠,像塔克拉玛干沙漠(337 600 平方公里)等 10 多个著名沙漠地带,这些地方可以进行汽车、摩托车拉力及野外生存等项目。

河流资源:我国河网稠密,流域面积在 100 平方公里的河流就有 5 万多条,超过 1000 平方公里的河流有 1600 多条,超过 1 万平方公里的河流也有 163 条。天然河道总长 40 余万公里长。这些众多河流资源中有许多河流流经的地势险峻,河道曲折,户外运动者可以用这些河流进行漂流、冲浪、游泳等。

湖泊海洋资源:我国的湖泊水库面积达 10 742 万公顷,海域面积 473 万平方公里,海岸带面积 28 万平方公里,利用这些水面资源可以进行潜水、滑水、冲浪、海水浴、游泳等项目。

(二)我国户外运动的发展潜力

我国户外运动正快速成长并逐步形成产业规模。它的兴起使人们逐步离开传统的体育场馆,走向荒野,纵情于山水之间,向大自然寻求人类生存的本质意义。我国户外运动的程度不高,有经营因素,也有管理因素。一方面是由于我国正处于社会主义初级阶段,经济发展水平不高;另一方面主要是我国户外运动开

发力度不够,经营观念不强,许多户外(野外)体育运动项目潜力还未真正地被发掘。但是,我国的户外运动开发存在许多有利条件,无论从人们的经济因素还是国力的发展,都可以看到好的希望,更主要的是国内外的市场需求日趋增大,可以预见,我国户外运动有着巨大的发展潜力和前景。

第四节 户外运动休闲案例研究

一、沈阳市户外运动俱乐部——户外俱乐部对户外运动发展的作用

(一)沈阳市户外运动俱乐部基本概况

目前,沈阳市户外运动俱乐部的经营性质都是商业性质,而高校中的各种学生社团则基本是公益性组织。从各俱乐部经营的规模看,都为小型组织。

从经营模式看,沈阳市户外运动俱乐部与国内各户外俱乐部经营模式大致相同,一是"卖场+户外俱乐部",另一种是挂着户外俱乐部招牌,只经营单一的卖场。另外,沈阳市部分户外俱乐部还采用所谓的会员制经营方式,即服务对象主要是会员个人消费者以及部分非会员制的团体客户等。

从宣传营销看,各家俱乐部都注重网络宣传等媒体手段,其中部分户外俱乐部拥有自己的网页。但宣传营销的内容大体包括三大方面:本俱乐部开展活动的宣传、经营产品的介绍以及一个供"会员"进行交流的"论坛"。

从俱乐部经营项目(除产品外)的内容看,目前由沈阳市各俱乐部推出的户外活动都隶属于户外活动中层次较低的内容,而且"旅游"烙印特别明显,其中开展最为普遍的是登山和野营。

目前,沈阳市各家户外俱乐部的收费标准是按消费群体来区分的,主要包括两种:一是定价收费,二是所谓的会员制收费。在调查户外商品价格过程中,很多户外运动的消费者(含潜在消费者)都认为户外运动在沈阳市尚隶属于"贵族运动"。户外产品价格过高不仅影响着户外运动在本地区的发展,更是直接影响到了户外俱乐部今后的生存和发展。

(二) 沈阳市户外运动俱乐部存在的问题

1. 对行业理解和自身发展定位存在偏差

刻意强调户外运动是"挑战自然,探索险境";追求所谓的"纯户外路线";忽略户外运动放松身心、陶冶情操等作用。户外俱乐部自身发展的定位已经成为一个导向问题。如果现在各家俱乐部坚持走"高端户外产品"、"纯户外"等路线,则很难赢得广大现存及潜在客户的认同,必将限制自身的发展空间。

2. 虚设的"会员制"

会员多以自负盈亏的"忠实玩家"和想享受优惠的"临时爱好者"居多,总体人数少且不稳定;各俱乐部网页所拥有的那些"网络会员"仅仅是一种形式会员而已。针对各家户外俱乐部形同虚设的"会员制"问题,解决的根本办法还是在俱乐部自身。就现实情况而言,这些俱乐部还不能为会员提供深层次上的服务,这也是为什么俱乐部的会员经常发生"跳槽"和"撤离"的根本原因。

3. "封建+无序竞争"的经营方式

各俱乐部自立门派,相互之间根本没有交流,缺乏培育沈阳市整体户外运动市场的经营思想;没有"品牌意识",目前还处于"贴牌"经营阶段。在影响户外俱乐部发展的众多因素中,经营管理思想薄弱、品牌意识差等问题已经成为制约俱乐部自身发展的重要因素之一。如果各家俱乐部不采取从根本上解决培育市场、改变经营策略、树立品牌意识等手段,那么,这些俱乐部就无法摆脱低层次运作的怪圈。

4. 风险管理差

俱乐部无法为客户提供相应的保险,为转嫁风险,基本上都打擦边球——为客户投保旅游险。俱乐部没有建立风险等级制度,在相应的风险管理过程中仅提供应对突发事件的具体手段。从近两年我国户外运动发展的现状看,目前我国户外运动应处于风险事故多发阶段。这里除了有经营者自身专业技能水平低、安全意识淡薄、组织管理差等原因外,还与保险行业对高危户外项目禁保或高额投保等有关规定紧密相关。

(三) 原因分析和对策研究

第一,沈阳市户外运动俱乐部的现状滞后于全国户外运动的总体发展水平。

具体表现为俱乐部形式单一,规模较小,组织管理松散,基本处于"概念式经营"状态。

第二,沈阳市户外运动俱乐部缺乏受过系统培训的专业人士,对有限的户外资源开发不足,存在对户外定义不准确、服务水平低、环保意识差、恶意竞争等不良现象,且存在一定程度的违规经营行为。

第三,缺少管理监督机制是影响沈阳市户外俱乐部健康发展的重要因素之一。

第四,建议相关职能部门加强对户外俱乐部的管理,尽快完善户外俱乐部从业人员的培训制度和培训体系,特别是要加大监管力度,避免无序竞争、破坏有限户外资源的现象发生。

二、重庆武隆国际山地户外挑战赛——大型赛事对户外运动的促进

（一）武隆国际山地户外挑战赛发展背景简介

如何借助运动赛事平台开发我国优势户外运动资源,加强市场开发与营销策划,对于打造户外体育旅游产业知名品牌与推动区域经济社会发展具有重要意义。重庆武隆国际山地越野挑战赛是我国西部乃至国内最大规模的国际户外综合项目的顶级赛事,被称为"中国山地越野赛的开创经典"、"中国式的七星越野赛"。同时它也是国家体育总局长期主办,并向全国推广的一种常规性、系列性、高水平的品牌赛事,从武隆户外运动资源开发到赛事品牌营销对于西部地区整个户外运动资源的开发都具有典型意义。

（二）利用赛事活动发展户外运动休闲的战略分析

1. 以赛事为龙头打造武隆户外运动知名品牌

目前,中国户外运动人口不断增长,致使户外运动市场迅速扩张。重庆市武隆县紧随社会发展的潮流,抓住了这一市场机会,利用自身的地理条件成功地举办了多次户外挑战赛。通过国际比赛的宣传效应及影响力,户外运动旅游将形成武隆旅游的发展重点和武隆经济的重要增长点,武隆被广大的户外运动爱好者誉为"中国户外运动基地"。重庆武隆不断总结户外运动赛中的经验教训,现在已经探索出了一条利用户外运动的赛事来把武隆的天然旅游资源展现在广大

旅游爱好者面前的新途径。

近年来,我国在西部部分地区已逐步认识到大型户外赛事对于开发优势资源,打造优势市场和知名度的重要价值,举行了一系列国内外重大的户外赛事,如环青海湖国际公路自行车赛等,塑造了一批户外运动知名品牌。

2. 加强市场运作,突出营销策划与创新

户外运动是一项大众体育健身活动,同时又是一种户外旅游项目,通过市场运作获得经济资源支持,为运动资源的更全面和深层次开发提供支撑,同时为企业宣传企业文化和品牌提供了优质平台,拉动相关产业的发展,带动地方经济的发展。"体育搭台,旅游唱戏"成为当前多数户外运动开发和赛事运作的根本动力和目标。

武隆国际山地越野挑战赛也无处不体现了营销策划的智慧,全面着手抓好实地调研、赛事策划、人员分工、市场开发、新闻宣传等主要工作环节。如从2004年开始,在举办赛事的同时举办高规格"体育旅游论坛",包括在2004年举办了"第一届中国喀斯特地貌体育旅游发展论坛",2005年10月举办了"首届中澳体育旅游论坛",大大提升了赛事的内涵与知名度,与赛事相得益彰。2005年,吸取前两届举办挑战赛的经验,进一步创新武隆体育旅游形象宣传和文体活动开发思路,不断拓宽武隆体育旅游的市场营销和投资渠道,增强武隆体育文化事业的发展后劲。包括进一步以"山"为活动主线,由山带水,活动设置种类多样,内容丰富多彩,进一步体现运动性、趣味性、地域性和文化性交互的浓郁氛围。

3. 借势造势,打造武隆特色旅游平台和健身产业基地

户外运动业是一种明显的复合型产业,它首先是体育产业和旅游产业的结合体。因此,在户外运动资源的开发中要与本区域其他旅游、商贸等优势经济资源相互配合和搭配,共同打造互生与共赢的平台。

户外运动赛事举办的主要目的在于带动赛后体育旅游活动的开展和大众旅游的兴起,从而通过赛事的宣传和聚积效应打造优质旅游平台和健身产业基地。因此,在赛后要充分利用赛事效应加强大众户外运动的开发,从而真正做到户外运动资源的深度综合开发。

三、美国救援体系——户外运动规划中的救援体系建设

(一)旅游安全救援体系是户外运动的保障

户外运动的安全保障是非常重要的,建立有效的旅游安全救援体系是户外运动的根本保障。所谓旅游安全救援是为在旅游活动中发生旅游安全事故的相关当事人(包括旅游者、旅游从业人员等)所提供的紧急救护以及援助,旅游安全救援系统是为实施旅游救援而建立的体系。旅游安全救援是旅游安全保障体系中在事中采取积极措施的重要环节,与事前的预警与控制、事后补偿的旅游保险相比,具有更为浓厚的人道主义关怀和人性色彩。旅游安全事故的客观存在性、紧迫性及其影响的重大性,使得旅游安全救援成为保障旅游活动正常进行和维护旅游业健康发展的重要方面,旅游安全救援系统的建立势在必行。美国旅游安全救援体系非常发达,我们可以从中借鉴经验。

(二)美国户外运动安全援助体系简析

20世纪20年代初,美国就有了简陋而原始的救援体系雏形,经过近一个世纪的发展,美国的救援体系从国民观念、机构、通信、交通、技术保障各方面都非常先进。救援协会已经成为和消防、公安、医疗等紧密联系的一部分,与每一个美国人的生活息息相关。

1. 救援机构

不同的地方,都有其救援组织,承担本地区的救援工作,以达到最快的反应速度和最大的安全保障。这些组织分为两类:一类是作为政府机构的一部分;另一类是志愿者组织,所有成员都是在业余时间进行无偿救援。总体来说,志愿者救援组织占多数,所有这些组织都在政府备案,负责某一区域的救援工作。

2. 救援反应机制

在美国,通过近一个世纪的教育、潜移默化、积累,人们已经形成一致的认识:一旦发生情况,都主动拨打紧急电话"911"。"911"中心根据报警类型进行分类,如火灾则通知事故发生地的消防部门,犯罪则通知特定地点的公安部门,如发生户外事故如摔伤、失踪等,则通知特定地点的救援组织。各救援组织获得通知后,根据事件的性质,通知医疗救护、救援人员甚至直升机。

3. 救援经费来源

各类救援组织的经费来源主要是两个：政府和个人或集体捐助。救援组织利用政府资助和捐助基金购置救援装备，如交通工具、通信工具、救援装备等，维持组织的正常运行（在志愿者救援组织中，志愿者的个人装备，如专业服装、登山装备，都是个人解决）。

在某些情况下有可能动用直升机，比如情况紧急、出事地点远无法直接开车到达等。政府、军队或者一些私人公司可以提供这样的直升机（有偿的），救援组织不承担直升机费用。当救援结束后，由当事人承担救援费用；当直升机没有发挥作用时，则费用由政府和军队承担。

4. 救援技术

经过近一个世纪的发展，美国的救援无论从技术还是技术所使用的装备都已经相当先进，同时在不断地发展。如雪崩救援、裂缝救援、岩壁救援、水上救援、损伤处理等都有一套完善的体系。同时，每年美国登山救援协会都组织一次年会，各地的救援组织在与会期间交流经验、心得体会，并对以后的工作提出建议。

5. 户外运动安全教育

美国在大力发展救援水平的同时，也加强国民安全教育，以预防意外的发生。在登山救援协会中有一个部门称为公共登山协会（PSAR），负责国民特别是青少年的户外运动技巧和求生教育。他们通过与学校联系，定时给青少年上课、讲座、培训，以提高青少年野外生存的能力。这不是一种短期见效的工作，但是经过多年的努力，在国民头脑中已经建立起一定正确的安全观念，在出行前进行充分有效的准备，在出现事故时，他们会按照最有效的方式去处理：简单的处理，最快的打"911"，辅助救援组织工作。

第六章 休闲农业规划与案例

第一节 休闲农业概论

一、休闲农业的概念、特点和功能

（一）休闲农业的概念

休闲农业是指利用农村田园景观、自然生态环境资源，结合农林渔牧生产和经营、农村文化及农家生活，经过科学规划和开发设计，发挥农业与农村休闲功能，为游客提供观光、度假、体验、推广、示范、娱乐、健身等多项休闲需求，以增进城市居民对农业及农村的体验、提高农民收益为目的的农业经营形态。从广义的观点来看，休闲农业还包括休闲林业、休闲渔业、休闲牧业、休闲农家乐等。因此可以说，休闲农业是以农业为基础、以休闲为目的、以服务为手段、以城市游客为目标，是农业和旅游业相结合，第一产业和第三产业相结合的新型产业。休闲农业是社会经济发展进入新阶段的产物，是农业多功能的拓展和延伸，是现代农业的组成部分。

（二）休闲农业的特点

（1）休闲农业是农业生产、农产品加工和游憩服务业三级产业相结合的新兴产业。

（2）休闲农业是体现生产、生活和生态"三生"一体的农业经营方式。

(3)休闲农业所提供的休闲产品、休闲活动和休闲服务,具有服务业商品的特性。

(4)休闲农业具有强烈的季节性,一年四季不同,有旺、淡季之分。

(5)休闲农业体现人与自然的和谐性,为游客提供亲近自然、回归自然的机会。

(三)休闲农业的功能

发展休闲农业是调整传统农业产业结构,加快农业产业化进程,增加农民收入的有效措施,是促进城乡统筹发展,解决三农问题,构建和谐社会主义新农村的重要途径。休闲农业具有以下几个方面的功能:

经济功能。休闲农业是农民就业增收的重要途径,有利于农村剩余劳动力的就地就近转移;是调整农村产业结构的重要方式,有利于农村经济的快速发展。

社会功能。休闲农业为都市居民与农村居民提供交流平台,有利于农村经济的发展和农村面貌的改善;有利于促进农村社会的进步,缩小城乡差距。

教育功能。休闲农业可以为游客提供了解农业文明、学习农业知识、参与农业生产活动的机会,是融知识性、科学性、趣味性为一体的农业生态科普园地。

文化功能。休闲农业包含农村民俗文化、乡村文化和农业产业文化,在为游客提供各种农村文化活动的同时,也能促进农村文化发展。

环保功能。休闲农业可以保护和改善生态环境,维护自然景观生态,提升环境品质,有利于生态系统良性循环。

游憩功能。休闲农业可以为游客提供观光、休闲、体验、娱乐、度假等各种活动的场所和服务,有利于放松身心,缓解紧张工作和学习的压力,陶冶性情。

医疗功能。休闲农业区具有优美的自然环境,新鲜的空气,宁静的空间,有利于调节身心及养生保健。

二、休闲农业发展模式与经营类型

(一)国外乡村旅游的类型

1. 观光型乡村旅游

观光型乡村旅游指以优美的乡村绿色景观和田园风光及独特的农业生产过

程作为旅游吸引物,吸引城市居民前往参观、参与、购物和游玩。它主要有两种形式:传统型、科技型。

(1)传统型乡村观光旅游主要以不为都市人所熟悉的农业生产过程作为卖点,特别是特色农产品生产过程。传统型乡村观光旅游产品要想具有长久的生命力,必须突出特色,需要充分利用当地独特的旅游资源优势塑造特色产品。澳大利亚将当地的葡萄酒产业优势与旅游业有机结合,开发出葡萄酒旅游,允许旅游者游览参观葡萄园、酿酒厂和产酒地区等景点,并且还可以参加包括制酒、品酒、赏酒、健身、美食、购物等一系列娱乐活动。村庄旅游是法国人喜爱的一种旅游休闲方式,每年有数百万游客到远离城市的偏远村庄,住进条件简陋的农舍,让家长带孩子参观农庄,看牛羊、看挤奶、观看制作奶酪和酿酒过程,游客还可以品尝这些美味。以色列北部一个地处沙漠的村庄用当地独特的沙果(一种极耐旱的水果)发展观光农业,游客可以在品尝沙果的同时做沙疗(一种把身子埋在热沙里治风湿病的方法),每年的游客量超过20万。

(2)科技型乡村观光旅游主要是利用现代高科技手段建立小型的农、林、牧生产基地,既可以生产农副产品,又给旅游者提供了游览的场所。新加坡将高科技农业与旅游相结合,兴建了10个农业科技公园。农业公园内应用最新科学技术管理,各种设施造型艺术化,合理安排作物种植,精心布局娱乐场所。养鱼池由配有循环处理系统的"水道"组成;菜园由造型新颖的栽培池组成,里面种上各种蔬菜,由计算机控制养分;田间林荫大道的两边也种上了各种瓜果。美国则建立了多处供观光的基因农场,用基因方法培植马铃薯、番茄,在发展农业的同时也在向游客普及基因科学知识。

2. 休闲型乡村旅游

休闲型乡村旅游指以乡村旅游资源为载体,以形式多样的参与性旅游活动为主要内容,满足游客休闲娱乐、身心健康、自我发展等需求的旅游类型。休闲型乡村旅游与观光型乡村旅游的最大区别在于它主要满足旅游者的健康、娱乐、放松、享受等高层次需求,因此在产品特色上更加突出休闲度假主题,服务内容以康体、休闲、娱乐为主,产品表现形式更加强调创新、互动以及知识性。它主要包括三种类型:休闲娱乐型、康体疗养型、自我发展型。

（1）休闲娱乐型乡村旅游是现代都市人为了缓解工作生活压力、利用假日外出令精神和身体放松的一种较高层次的旅游形式，娱乐需求成为旅游者基本的旅游需求之一。国外在开发乡村旅游时积极开发娱乐性强、互动参与性大、表现形式新颖的休闲娱乐项目以满足游客多层次的需求。日本各地的农场用富有诗情画意的田园风光和各种具有特色的服务设施开发"务农旅游"，旅游者可以自由参观园内的农作物，亲自参与劳务活动，现场采摘农作物并做成美味的佳肴；在沿海地区参加捕捞虹鳟鱼和海带的采集及加工等活动，给人以全新的劳动体验。在美国，每当瓜果成熟的季节，城里人就纷纷涌进各大农场参加采摘水果的度假活动，以获得别有情趣的度假享受，缓解工作压力。德国的乡村旅游十分简洁，不会因为旅游开发而刻意改变乡村的自然风貌，主要项目有瓜果采摘、集市体验、亲近动物、农家住宿、自租自种等。意大利农业旅游区则是一个典型的具有教育、游憩、文化等多种功能的"生态教育农业园"，旅游者可以从事各种农业健身运动，例如：体验农业原始耕作、狩猎、亲手制作工艺纪念品、烹调学习活动等。法国为满足不同偏好度假旅游者的需求，开发了不同主题、种类齐全的休闲农场，包括农场客栈、点心农场、农产品农场、骑马农场、教学农场、探索农场、狩猎农场、民宿农场、露营农场等。

（2）康体疗养型乡村旅游。随着旅游者越来越关注旅游产品的医疗保健功能，国外许多乡村旅游目的地有针对性地强化了其产品的医疗保健功能，开发诸如体检、按摩、理疗等与健康相关的乡村度假项目。这不仅能够满足游客的健康需求，而且能为其带来不菲的利润回报。例如古巴的医疗旅游、日本的温泉旅游、法国的森林旅游、西班牙的海滨旅游等都以旅游服务项目的医疗保健功能而闻名。

（3）自我发展型乡村旅游是乡村度假地为旅游者提供一个轻松舒适的学习环境，没有专业人士做教师，而是通过团队合作交流、自主探索学习等方式，让游客在没有任何压力的情况下学习新知识、熟练新技能，既享受了轻松的休闲时光，又学习到了知识。日本的许多地方为迎合人们关注野生鸟类生活的情趣而专门开发设计了观鸟旅游，让旅游者亲临野鸟栖息地观察鸟类生活，随行配备鸟类专家指导，使游客在旅游中既观赏到了鸟类的生活，也学到了许多关于鸟类生活的知识。美国的农场、牧场旅游不仅能使游客欣赏美丽的田园风光、体验乡村生活的乐趣,而且在专人授课的农场学校能够学到很多农业知识。这种兼有娱乐和教育培训意义的参与式的乡村旅游形式深受旅游者欢迎,成为乡村旅游的发展趋势。

3. 乡村文化旅游

乡村文化旅游是以乡村民俗、乡村民族风情以及传统民族文化为主题,将乡村旅游与文化旅游紧密结合的旅游类型。它有助于深度挖掘乡村旅游产品的文化内涵,满足旅游者文化旅游需求,提升产品档次。匈牙利是乡村文化旅游的典范,其开发的乡村文化旅游产品使游人在领略匈牙利田园风光的同时,在乡村野店、山歌牧笛、乡间野味中感受丰富多彩的民俗风情,欣赏充满情趣的文化艺术,体会几千年历史淀积下来的民族文化。西班牙开发的满足游客多种文化需求的文化旅游线路,很多就是以乡村旅游产品为重要组成部分,如城堡游、葡萄酒之旅、美食之旅等。

(二)我国休闲农业的发展类型

目前,我国休闲农业发展主要有以下7种模式,30种类型:

1. 田园农业休闲模式

以农村田园景观、农业生产活动和特色农产品为休闲吸引物,开发农业游、林果游、花卉游、渔业游、牧业游等不同特色的主题休闲活动,满足游客体验农业、回归自然的心理需求。主要类型有:田园农业游、园林观光游、农业科技游、务农体验游。

2. 民俗风情休闲模式

以农村风土人情、民俗文化为休闲吸引物,充分突出农耕文化、乡土文化和民俗文化特色,开发农耕展示、民间技艺、时令民俗、节日庆典、民间歌舞等休闲活动,增加农业休闲的文化内涵。主要类型有:农耕文化游、民俗文化游、乡土文化游、民族文化游。

3. 农家乐休闲模式

指农民利用自家庭院、自己生产的农产品及周围的田园风光、自然景点,吸引游客前来吃、住、玩、游、娱、购。主要类型有:农业观光农家乐、民俗文化农家乐、民居型农家乐、休闲娱乐农家乐、食宿接待农家乐、农事参与农家乐。

4. 村落乡镇旅游模式

以古村镇宅院建筑和新农村格局为休闲吸引物，开发观光休闲。主要类型有：古民居和古宅院游、民族村寨游、古镇建筑游、新村风貌游。

5. 休闲度假模式

依托自然优美的乡野风景、舒适怡人的清新气候等，结合周围的田园景观和民俗文化，兴建一些休闲、娱乐设施，为游客提供休憩、度假、娱乐、餐饮、健身等服务。主要类型有：休闲度假村、休闲农庄、乡村酒店。

6. 科普教育模式

利用农业观光园、农业科技生态园、农业产品展览馆、农业博览园或博物馆，为游客提供了解农业历史、学习农业技术、增长农业知识的旅游活动。主要类型有：农业科技教育基地、观光休闲教育农业园、少儿教育农业基地、农业博览园。

7. 回归自然休闲模式

利用农村优美的自然景观，如奇异的山水、绿色的森林、静荡的湖水，发展观山、赏景、登山、森林浴、滑雪、滑水等旅游活动，让游客感悟大自然、回归大自然。主要类型有：森林公园、湿地公园、水上乐园、露宿营地、自然保护区。

第二节　休闲农业的现状、问题和对策

一、休闲农业的产生和发展

（一）国外乡村休闲的产生和发展

欧洲乡村旅游起源于19世纪，至今长盛不衰。据了解，欧洲各国为促进乡村旅游的开展，纷纷采取了大量措施。

早在19世纪30年代，欧洲就已开始了农业休闲，意大利在1865年成立了农业与旅游全国协会，专门介绍城市居民到农村去体验农业野趣，与农民同吃、同住、同劳作。但休闲观光农业作为一种产业在全球兴起和发展却是20世纪60年代以后的事。

自20世纪60年代起，休闲观光农业作为一种产业首先在西方发达国家兴起。在随后的几十年中，在世界各国取得了较快的发展。

日本最早的观光农园是1962年在岩水县小岩井农场开发的600亩的观光农园。从1992年起，日本人跟随欧美，由农林水产省积极提倡并推进绿色旅游理念。所谓绿色旅游，是到农村进行自然生态、乡土文化、人际交流的住宿型休闲活动。1995年，日本通过法案支持农村地区发展旅游业；农林水产省认为，农村地区不仅是用于纯农业生产以及农村人口居住之地，而且是"国家的公共财产，是人们可以放松，修身养性的地方"，并积极推动发展农场旅馆，吸引越来越多的农业旅游者。在城市市民对农业、农村需要高涨的背景下，体验农村生活为主题的电视节目、杂志和报纸人气非常旺盛，电视节目收视率高达20%。

1984年，韩国政府开始把发展农业旅游作为振兴农村经济，提高农民收入的一项计划来推进。发展初期，旅游农场是其主要的产品类型。1988年后，农业休闲产品数量和形式开始丰富起来。到1997年，韩国有382座旅游农场，每座农场平均土地面积为2.5公顷，投资价值为69万美元。韩国旅游农场规模逐步扩大，韩国土地法律规定旅游农场的最大面积可扩大到5公顷。目前，在韩国大城市周边的农渔村，都建有许多"观光农园"和"周末农场"，这些农园集休闲、体验、收获为一体，吸引了大批市民，生意非常红火。据韩国有关机构统计，仅2000年，利用周末和暑假到"观光农园"休假的城镇人口达446万，相当于城市人口的1/8。另据韩国农村经济研究院的资料表明，2001年，韩国农村观光和民俗市场的营业收入约达2.84万亿韩元。"观光农园"和"周末农场"已经成为韩国郊区农民一项重要收入来源。

新加坡的休闲农业是建立在农业园区综合开发基础上的复合型产业。从20世纪80年代起，新加坡政府设立了十大高新科技农业开发区。在这些农业园区内，不但建有50个兼具旅游特点和提供鲜活农产品的休闲农业生态走廊，有水栽培蔬菜园、花卉园、热作园、鳄鱼场、海洋养殖场等，供市民观光，而且还相应地建有一些娱乐场所。农业园区不仅为新加坡人提供了休闲农业场所,每年还吸引500~600万国外旅游者。经过多年的建设,新加坡农业园区已建成集高附加值农产品生产与购买、农业景观观赏、园区休闲和出口创汇等功能于一体的科技园区,成为与农业生产紧密融合、别具特色的综合性农业公园。

澳大利亚的休闲农业发展也很快,出现欣欣向荣的局面,全国旅游总收入中,农庄和乡村旅游业收入超过35%。

综上所述,亚洲发达国家休闲农业产生的经济、社会背景比较相似。休闲农业都是随市场需求而兴起、为拓展生存空间而发展。与欧美国家相比,亚洲发达国家和地区的休闲农业产品内容更多。活动内容包括产品销售、风景观光、农业公园、农村休养、传统庆典和文娱活动以及开展农村修学旅游和故乡会员制活动等。但亚洲发达国家和地区休闲农业的产品类型多有雷同,并且偏重于观光体验游乐型,走的多是以农业生产过程参观、生产过程操作、农业产物利用型为主,兼营游乐项目的农业观光娱乐业。这与欧美国家有所不同,欧美休闲农业偏重住宿农场的乡村休闲度假模式。另外,日本、韩国、新加坡及澳大利亚人工再造休闲农业景点较欧美国家多。欧美国家的休闲农业多以乡村自然生态和农业资源为主,少有人工再造景观和景点。

(二)我国休闲农业的产生和发展

休闲观光农业在我国作为一种产业,首先是在台湾地区兴起与发展的。20世纪70年代,随着我国台湾地区经济的快速发展与人民中等小康生活水平的逐步实现,人们的生活和消费方式逐渐由劳动型转向休闲型,果园、农场在农闲或节假日陆续向社会民众开放,成为一种新兴的农旅结合的产业发展形态,休闲观光农业作为一种新兴产业在台湾地区得到蓬勃发展。目前,台湾地区已拥有1000多家休闲农园。

在内地,休闲观光农业到20世纪90年代最先在沿海大中城市兴起。在北京、上海、江苏和广东等地的一些大城市近郊,出现了引进国际先进现代农业设施的农业观光园,展示电脑自动控制温度、湿度、施肥、无土栽培和新特农产品生产过程,成为农业生产科普基地。如上海旅游新区的孙桥现代农业园地、北京的锦绣大地农业观光园和珠海农业科技基地。1998年,国家旅游局以"华夏城乡游"作为1998年旅游年主题,使"吃农家饭、住农家屋、做农家活、看农家景"成为农村一景,休闲农业旅游成为我国旅游业发展的方向之一。休闲观光农业旅游在我国迅速发展的原因主要是改革开放后,我国经济迅速发展,人民生活水平迅速提高,要求休闲项目增加,同时,由于社会主义现代化农业建设的需要和社会主义新农村建设的需要,党和政府积极引导和扶持,休闲观光农业在我国蓬勃发展起来。

我国休闲农业兴起于改革开放以后,它在我国的发展可以分为三个阶段:一是早期兴起阶段(1980—1990年)。主要是靠近城市和景区的少数农村根据当地特有的旅游资源,自发地开展了形式多样的农业观光、举办农业节庆活动等,呈现单一的农村观光特点。二是初期发展阶段(1990—2000年)。主要是靠近大、中城市郊区的一些农村和农户利用当地特有的农业资源环境和特色农产品,开办了观光为主的观光休闲农业园,开展采摘、钓鱼、种菜、野餐等多种旅游活动。体现观光与休闲相结合的休闲农业的特点。三是初具规模阶段(2000年至今)。主要是融合观光、休闲、娱乐、度假、体验、学习、保健等功能,加上各级政府逐步关注和支持,休闲农业初具规模,而且呈现出多样化的趋势:①人们更加注重亲身的体验和参与,很多"体验旅游"、"生态旅游"的项目融入休闲农业项目之中,极大地丰富了休闲农业产品的内容。②人们更加注重绿色消费,休闲农业项目的开发也逐渐与绿色、环保、健康、科技等主题紧密结合;③人们更加注重文化内涵和科技知识性,农耕文化和农业科技性的旅游项目开始融入观光休闲农业园区;④政府积极关注和支持,组织编制休闲农业发展规划,制定评定标准和管理条例,使休闲农业开始走向规范化管理,保证了其健康发展;⑤休闲农业的功能由单一的观光功能开始拓宽为观光、休闲、娱乐、度假、体验、学习、健康等综合功能。

二、我国休闲农业旅游的现状和问题

(一)我国休闲农业的发展背景

我国的休闲农业是在世界休闲农业成功发展的背景下,随着城市化进程的加快,居民可支配收入和闲暇时间的增加以及农村道路交通条件的改善而逐步发展起来的。

1. 日益扩张的城市人口为发展休闲农业提供市场空间

2011年年末,中国内地总人口为134 735万人,城镇人口数量首次超过农村。其中,城镇人口为69 079万人,比上年末增加2100万人;乡村人口为65 656万人,减少1456万人;城镇人口占总人口比重达到51.27%,比上年末提高1.32个百分点。长期生活在城市的居民,由于受到城市环境、生活和工作的压力,迫切需要到郊外农村寻求新的休闲空间,去欣赏田园风光、享受乡村情趣,回归大自然、陶冶情操。城市化的快速发展,城市人口规模的扩大,为发展休闲农业提供了市场空间。

2. 快速发展的经济为发展休闲农业提供经济基础

2011年,中国人均GDP超过了6000美元,根据国际经验,人均GDP达到1000美元时,观光性旅游急剧膨胀,人均GDP达到2000美元时,基本形成对休闲的多样化需求和多样化选择。

表6-1　2011年各省市休闲农业与乡村旅游有关情况汇总表[①]

省份	从业人数（万人）	农民就业人数（万人）	接待人次（万人次）	营业收入（亿元）	企业（园区）（家）
北京	6.4	5.18	3511.8	30.38	1300
天津	3.2	2.56	810	15.7	—
河北	—	—	4000	100	—
山西	5.5	5	—	—	500
内蒙古	3.9	3.1	1126	32.8	404
辽宁	14	11.2	2117.8	82	868
吉林	20.89	18.8	1800	102.5	—
黑龙江	41	25	2000	30	1169

① 农业部乡镇企业局、国家旅游局规划财务司. 全国休闲农业与乡村旅游发展报告(2011年).

续表

省份	从业人数（万人）	农民就业人数（万人）	接待人次（万人次）	营业收入（亿元）	企业(园区)（家）
上海	3.7	2.4	1640	10.9	211
江苏	34	28.94	5800	150	1830
浙江	10.17	8.1	999.3	107.2	1994
安徽	—		5761	217	1965
福建	11	10	4000	41	505
江西	40	36	5680	352	1230
山东	33.3	30	15900	706	
河南	35	31.5	5270	148	2639
湖北	18.7	17.9	2413	129.1	2657
湖南	26.9	24.2	7184	89.5	3811
广东	66.7	60	—	300	200
广西	—	—	3890	108.9	1680
海南	0.9	0.7	743	4.7	—
重庆	8.9	8	5505	36	3300
四川	440	400	20000	626.4	2500
贵州	5.3	4.7	3009	18.5	2457
云南	15	12	4628	153	
西藏	5.87	5.28	869.76	97.06	—
陕西	30.72	28	5200	46	617
甘肃	6.3	5.04	—	18.4	
青海	1.8	1.6	1317.7	10.3	170
宁夏	1.4	1		9	452
新疆	1.77	1.6	497	13.7	—
合计	892.32	787.8	115672.36	3786.04	32459

3. 闲暇时间的增加为发展休闲农业提供时间保证

休闲农业的发展是与人们日益增多的休闲时间相伴而生的,据统计,我国公众普遍享有国家法定假日全年114天(含周日)。其中,学生和教师全年约140

天,公务员及外企管理人员,全年约124天。再加上国家正在逐步推广的带薪休假制度,我们将有三分之一的时间在闲暇中度过,这些休闲假日时间的增加为发展休闲农业提供了时间保证。

4. 农村交通条件的改善为发展休闲农业提供有利条件

便捷的交通为城市居民到郊外观光休闲,提供了有利条件。截至2009年底,我国农村公路总里程达到333.56万公里,乡镇通达率达到99.4%。而城市郊区的交通发展更快,有的地区已经与城市的主要交通网络连接在一起。而且农业休闲大多数是短途、短时休闲,目前城市私人汽车数量迅速增加,也为以自驾车为主的城市人外出郊区休闲提供了交通条件。

(二)我国休闲农业发展中存在的问题

1. 主管部门不明确,市场监管不完善

休闲农业是一种新兴产业,它是各地经济发展过程中自发形成、快速发展起来的,但是其发展无序、建设重复、市场混乱,缺乏必要的规划论证和宏观管理以及调控市场的基本规则,其中管理体制不顺是最大的障碍和问题。休闲农业作为一个横跨农业、旅游业、服务业等多产业、多行业管理的新兴产业,其经营管理涉及农业、旅游、工商、质检、环保以及公安等多个政府部门。休闲农业的注册登记、农业生产、旅游管理、总体规划、监督检查以及环境保护和治安管理等,迫切需要政府主管部门发挥政府的经济调控职能,培育规范休闲农业市场,引导休闲农业的发展。

2. 特色不明显,发展不平衡

我国休闲农业的发展,兴起于改革开放以后,与世界和我国的台湾地区相比起步较晚,但发展速度惊人,主要依托于国内市场的拉动。初期的低成本、高利润促使"千军万马"搞休闲农业,这一方面对休闲农业的发展是一个很大的促进,另一方面,由于政府和经营者对休闲农业缺乏正确认识、缺乏整体规划、缺乏市场分析,使得休闲产品单一,缺乏特色,基础设施不完善,不同类型休闲农业定位的差异性小,同质化趋势严重。同时,休闲农业在全国范围内发展不平衡,多分布在东部经济发达省区、大城市郊区、著名景点周边以及特色农业地区。

3. 规划不科学,管理不规范

休闲农业基本上是以乡村企业、农民自主开发为主,近年来,一些地区的领导、经营者和农户急于发展经济,增加收入,凭着一股热情,没有做市场调查和投资分析,就利用现有农田、果园、牧场、养殖场一哄而上。使得项目设计趋同,布局不尽合理,功能不配套,市场定位不明,缺乏个性化和文化内涵,简单效仿,粗放经营,在开发建设上随意性较大,存在着一定的无序性和盲目性。结果造成同一地区内项目建设重复,功能雷同,互相竞争,效益低下。最终因低层次开发,产品品位不高,配套设施和环境较差而逐渐衰落直至停业,甚至有的地方造成了生态环境和景观的破坏性开发。

4. 法规不健全、政策不明朗

目前,农民群众具有兴办旅游的积极性,但许多地方政府对发展休闲农业尚未制定优惠政策,税收、贷款、用地、工商管理、食品、卫生、安全保证等政策尚无明确规范,也没有制定全国性的休闲农业管理办法。没有政策,没有法规,就难以管理,也难以保证其健康持续发展。

5. 资金投入不充足,政府扶持不到位

发展休闲农业虽是以利用当地农业资源和农业生产为基础,但搞好住宿设施、饮食设施、卫生设施、安全设施等建设标准需要大量资金的投入。然而,各级政府对休闲农业的扶持资金和政策不到位,乡村农民资金缺乏,使得休闲农业发展多表现为规模小、档次低、品牌单一,而高品位、高档次、多功能、知识型的较少,多数休闲农业区设施简陋,内容不够丰富,生态、文化内涵不高,社会影响力不大,知名度不高,缺乏吸引力,招商引资困难。因此,资金缺乏制约着休闲农业的发展。

6. 人员素质不高、服务意识不强

目前,休闲农业经营管理人员,大多是原来从事农业生产、加工、营销的农民,缺乏休闲业管理经验。服务从业人员大多也是农民,从整体上来看素质仍然偏低,服务意识缺乏。因此,休闲农业的管理和服务难以满足市场对休闲高档次的服务要求,难以慰藉人们对休闲农业深层次的文化和生态内涵的心理渴求。

三、在我国推进休闲农业的发展

针对目前我国休闲农业的发展状况和问题,特提出以下对策和政策建议:

（一）加强政府引导

发展休闲农业,可以充分利用青山绿水、蓝天白云的自然资本,满足人们精神文化需求,建设村容整洁的新农村,促进城乡物质和信息的交流,提高农民就地转移就业能力,增加农民收入。各级政府要充分认识到,大力发展休闲农业对建设社会主义新农村和现代农业、促进城乡和谐发展的重要意义,高度重视,采取有效的措施,积极引导休闲农业健康快速发展。各级行政主管部门,尤其是大中城市周边和风景名胜区周围的农业、旅游、林业、水利等各级各类行政主管部门都应该将发展休闲农业作为促进当地经济发展和新农村建设的一项重要措施和抓手,积极主动地把休闲农业发展列入新农村建设规划,摆上重要的议事日程。

（二）理顺管理体制

休闲农业作为现代农业的重要组成部分,是农民增收的重要渠道,应明确农业部作为主管部门的责任,协调相关部门形成合力,降低政府管理成本,增加管理效果。建议由农业部牵头,会同旅游、林业、水利、工商等部门建立"全国休闲农业发展联席会议制度",制定促进我国休闲农业发展的政策,统一指导全国休闲农业的发展。各部门按照各自的职责分工,各司其职,避免出现职能交叉重叠、职责不清、责权分离、管理缺位等问题,为休闲农业的健康发展创造良好的外部条件。"全国休闲农业发展联席会议"办公室可以设在农业部发展计划司,成员单位由相关部门的主管司局组成,具体日常工作可以委托农业部农村社会事业发展中心协助办理。

（三）制定发展规划和相关标准

组织专家开展深入的调查研究,全面了解休闲农业发展的基本情况,研究制定促进休闲农业发展的规划和引导发展的标准。一是根据我国各地区休闲农业发展的状况,制定国家发展休闲农业发展的规划,科学布局,分类指导,明确区域定位、功能定位、形态定位、市场定位,并由国务院授权农业部对外发布,促进全国休闲农业的发展。二是根据不同形式休闲农业的发展状况和特点,对我国的休闲农业进行系统的界定和分类。在突出不同地域、文化、人文理念和特色的前提下,由农业部制定相应的行业标准,积极引导并规范休闲农业科学、系统、可持续的发展。

（四）加大扶持力度

休闲农业是在建设社会主义新农村的大背景下出现的一种新的现代农业产业化模式。新农村建设需要有新产业的支撑，需要有现代农业的支撑，需要有新型农民的支撑。所以，国家应该加大对休闲农业的政策和资金支持力度，把发展休闲农业作为新农村建设的一个重要抓手。

（五）加强理论研究

由于休闲农业是介于农业、服务业、旅游业之间，横跨第一产业与第三产业的新型产业形式，也可以称之为一种新的农业产业化模式，是发展现代农业的一种新的重大突破，因此要加强对这种新兴产业发展的理论研究。最近国内外已经出现了一些关于发展休闲农业的新思路、新探索和新思考，同时也出现了体验经济学、休憩产业、绿色GDP等新的理论研究成果。按照宏观经济学的GDP发展对人们物质精神追求变化产生影响以及恩格尔系数的降低对休闲、养生需求的影响等相关理论，完全有可能从理论的角度对休闲农业的发展做出解释。因此，建议由农业部牵头，集中组织一批农业经济、旅游经济、休憩产业等方面的专家对发展休闲农业的理论进行系统的分析和研究，探索指导休闲农业发展的理论依据和发展方向。

（六）建立农民利益保障机制

如果在休闲农业的发展过程中，农民始终不能成为产业发展带来的收益增加效应的收益主体或者是主要受益群体，那么势必会严重挫伤农民对发展休闲农业的热情和积极性。过去一些农业观光园区建设都是由一些有资金实力的公司投资兴建，农民往往只能获得有限的雇佣劳动关系所得的微薄报酬。因此，建议在发展休闲农业时，一定要探索保护当地农民的合法权益的机制，按照"自愿、合法、有偿"的原则，鼓励农民以土地（包括果园、池塘、农业生产设施等）入股、以劳动入股，成为休闲农业园区和配套设施建设的股东和主人，实现按股分红。确保农民有合法和稳定的收益，才能提高农民对发展休闲农业的积极性，使休闲农业企业与农民心往一处想，劲往一处使，共同以主人翁的姿态促进当地休闲农业的发展。

（七）加强国际合作与两岸交流

发达国家及我国台湾地区休闲农业起步早，已经取得了显著的成绩，也积累了一些经验，值得借鉴。为了提升我国休闲农业的发展水平，要积极推进国际合作和两岸交流,组织相关人员赴国外和台湾地区进行交流考察。

四、我国休闲农业发展现状结构与分布

我国乡村旅游已进入一个全面发展的时期,目前,全国已形成3个休闲农业与乡村旅游的聚集区:一是东部沿海地区以辽宁、山东、江苏、浙江、广东等省为代表,以人口密集、自然条件优越、农业生产技术先进、旅游市场和经济发达为优势,休闲农业、乡村旅游发展与农业开发、农村经济发展结合紧密为特点,形成典型的"农旅共生"型休闲农业与乡村旅游模式;二是以中部的山西、河南、安徽等省为代表,以高品位的风景名胜旅游带动休闲农业与乡村旅游发展,极大地丰富了区域旅游产品体系;三是西部地区以四川、重庆、云南、贵州等为代表,以禀赋极高的自然风光、灿烂丰富的民族文化资源为支撑,成为全国休闲农业与乡村旅游发展的耀眼明珠。

表6-2 2011年全国休闲农业与乡村旅游示范县地区分布统计表[①]

地区分布	全国休闲农业与乡村旅游示范县			
	分布省区及数量(个)	总量(个)	所占总数比例(%)	各省平均数(个/省)
东部	京(1)、津(1)、辽(3)、冀(3)、鲁(4)、苏(3)、沪(1)、浙(5)、闽(3)、粤(1)、桂(2)、琼(1)	28	40.00	2.33
中部	黑(3)、吉(2)、蒙(2)、晋(2)、豫(4)、鄂(2)、湘(3)、赣(3)、皖(3)	24	34.29	2.67
西部	云(2)、黔(1)、川(4)、渝(2)、陕(2)、甘(2)、宁(2)、新(2)、青(1)、藏(0)	18	25.71	1.80
合计		70	100.00	—

① 农业部乡镇企业局、国家旅游局规划财务司.全国休闲农业与乡村旅游发展报告(2011年).

第三节 休闲农业规划案例研究

一、澳大利亚葡萄酒专业休闲农业案例

从欧洲移民到澳大利亚开始,葡萄酒生产制作就成为澳大利亚文化的重要组成,200年后澳大利亚葡萄酒业已成为重要的乡村产业。

澳大利亚葡萄酒庄园休闲农业的产生是基于以下几个因素共同作用的结果:

(1)交通可达性的显著改善和对公众的吸引力。

(2)葡萄酒业的持续扩张,不断产生新的葡萄生产区域和新品种、新形式的葡萄酒生产。

(3)战后移民和欧洲生活方式等文化因素的影响,拓展了葡萄酒作为生活品的吸引力。

(4)伴随市场营销和技术革新,迎来了20世纪50年代到60年代葡萄酒生产的高峰。到20世纪80年代,葡萄酒业的旅游潜力才逐步被全澳大利亚人认识,1984年,维多利亚州政府经济与预算委员会提交了关于维多利亚葡萄酒产业的报告,这份报告是第一次综合研究维多利亚葡萄酒产业并指出"委员会认为应制定政策发展维多利亚州的葡萄酒庄园旅游并将该政策与州区域旅游发展战略相协调和统一"。

在澳大利亚,州政府已明确葡萄酒庄园旅游的经济潜能,州旅游管理委员会非常注重葡萄酒业旅游的宣传,特别是对新南威尔士、南澳和维多利亚葡萄酒业旅游的发展和宣传。通过在新南威尔士和维多利亚成立葡萄酒业旅游组织,使乡村葡萄酒业发展与休闲农业发展更加协调。

二、日本都市休闲农业案例

(一)都市农业的含义

日本的都市农业,指包含在都市内的农业及都市近郊的农业。日本是一个土地资源十分有限的岛国,经过20世纪60~70年代经济的高速增长之后,城市扩张迅猛,城市周边地区的地价不断上涨。由于土地属私有制,为保留土地以达到增值的目的,一些农户不愿过早出卖自己所拥有的土地,于是将继续耕种的土地在高楼大厦林立的城市内保留了下来。人们发现,在城市星星点点的耕地上生长的嫩绿的蔬菜、鲜艳的花卉,不仅为城市增添了绿色,增加了观赏的景点,而且改善了城市的生态环境,有不可忽视的存在价值。

(二)都市农业的开展模式

到目前为止,日本已发展出3种主要的都市农业模式:

观光型农业,即设立菜、稻、果树等田园,吸引游人参观体验,其实质是农业与旅游业的结合。

设施型农业,即在一定范围内运用现代科技与先进的农艺技术,建立现代化的农业设施,一年四季生产无公害农副产品。

特色型农业,即通过有实力的农业集团建设一些有特色的农副产品生产基地,并依托先进的科技进行深层次开发,形成在国际市场上具有竞争力的特色农业。

(三)日本都市农业的经验

一是生产逐渐规模化,以提高都市农业产品的国际竞争力;二是农业结构逐步调整,逐渐淘汰效益低、成本高的农产品,大量生产绿色保健品;三是生产手段向全自动化、设施化、智能化发展,尤其是蔬菜、水果特别明显;四是农产品批发市场逐步完善;五是生产经营管理向网络化方向发展。

三、台湾地区观光休闲农业案例

(一)台湾地区观光休闲农业发展概况

在台湾地区,农业旅游被认为是农民在乡村产业优势的基础上进行的新经济选择,是克服低收入和提供就业机会的有效途径。1990年7月,台北市农会推动北投区第一市民农园,成为台湾地区最早的市民农园。1991年,相继在北屯区与西屯区成立三处市民农园,行政院农委会鉴于市民农园受到市民的普遍喜爱,于1994年成立"发展都市农业先区计划",有计划地积极辅导、资助各地区办理示范性、生活体验型的市民农园。此后,台湾地区市民农园快速发展。

(二)台湾地区观光休闲农业发展历程

台湾地区观光休闲农业发展经历了以下几个阶段:

1. 萌芽阶段(1971—1989年)

观光农园及休闲度假农场奠定了台湾地区休闲农业发展的基础。在此期间,因人们对观光农业的认识和理解不同,又缺乏理论上的认识,观光农业的实践走在了理论的前面,出现了"农村观光"、"农村旅游"、"乡土旅游"、"农村休闲"、"农乡休闲"、"农郊休闲"、"观光农业"、"观光农场"和"农业观光"等表达方法,缺乏统一的认识和定义。直到1989年,台湾地区农委会赞助台湾地区大学推广学系举办"发展休闲农业研讨会"后,才正式确定"休闲农业"名称,并将其定义为"利用农业产品,农业经营活动,农业自然资源、自然环境及农村人文资源,增进人们游憩健康、合理利用保护及增加农民所得,改善农业经营"。

2. 成长时期(1989—1994年)

行政院农业委员会制订了"发展休闲农业计划",积极辅导推动休闲农业区的规划及建设工作。成立休闲农业策划咨询小组,研究"休闲农业区设置管理办法";加强宣导工作,编印"发展休闲农业之旅",加强针对休闲农业辅导人员及经营者的教育训练,从事休闲农业教学研究,强化理论基础,设定"休闲农业标章"并研拟"休闲农业标章使用要点"。

3. 转变时期(1994—1996年)

台湾地区的休闲农业虽然发展迅速,但很快就遇上了发展"瓶颈",其中最关键的是法令规章无法适应观光农业发展的需要,大众对休闲农业存在认识不足。休闲农业本质是结合农业产销与休闲旅游的服务性产业,一些休闲农场为追求利润,经营方向逐渐偏离休闲农业的内涵。农政单位为了促使休闲农业的顺利发展,将计划策略与政策方向重新调整,一是修正"休闲农业区设置管理办法",

区别"休闲农业区"与"休闲农场";"休闲农业区"以区域为范围,由地方政府主动规划,主管机构依据规划结果协助公共建设,促进农村发展;个体经营者依据其经营特性申请设置"休闲农场",有关休闲农场设置条件、申请程序及其他管理事宜,由省(市)主管机构进行规范,因地制宜辅导休闲农场。将"休闲农业区设置管理办法"修正为"休闲农业辅导办法"。二是研拟"台湾地区休闲农场设置管理要点"草案。依据该草案研究"休闲农业设施许可使用细目"和"休闲农业设施设置标准",作为休闲农场营建的规范准则,突破休闲农业发展的制约因素。三是编印"休闲农业工作手册",包括休闲农业定义、发展目标、范围、规划设置要件、休闲农业区(场)规划设计之内涵与步骤、筹设申请税号、经营活动项目、经营管理以及国内外休闲农业类型与实例等。主要目的是提供辅导人员及经营者参考,引导休闲农业区发展。

4. 成熟期(1996年至今)

台湾的休闲农业经过几十年的发展,目前休闲农场已经超过3000多个,现在休闲农业的目标是在追求质的提升,开拓国际市场,提升服务质量品质,促进稳定发展。通过开展休闲农场评选、休闲农业区评比,参加国际旅展、品质认证等,辅导休闲农场申请设立和登记,达到合法化经营。并且将休闲农业的模式推广到东南亚尤其是内地,如在内地建立海峡两岸农业合作实验、台湾农民创业园等,将休闲农业推向更高台阶,走向国际化,促进休闲农业的永续发展。同时,台湾的休闲农业已从分散经营转型到产业聚集的发展阶段,休闲农业产业规模不断扩大。

(三)台湾地区休闲农业发展的经验总结

台湾地区农业旅游与休闲产业的发展主要以乡村民宿、休闲农业为主体,其中休闲农业在农业旅游与休闲产业中占的比例最大,休闲农业在产值,创造就业方面成绩斐然。台湾地区以发展乡村民宿、休闲农业进而推动全岛休闲产业发展的经验,值得我们借鉴:

1. 转变观念,开拓思路,加快农业转型,开发农业功能

台湾地区在20世纪60年代末70年代初,农业不但面临工业和商业的竞争,而且受到国际农产品的冲击,农产品成本高,价格低,农民收益少,台湾地区农业

发展面临巨大挑战。针对这一挑战,台湾地区加快农业转型,调整农业结构,在发展农业生产的同时,进一步开发农业的生活、生态功能,使农业从第一产业向第三产业延伸,开始发展观光农业和休闲农业。我国内地现在正处于农业转型和调整农业结构的新时期,要学习台湾地区发展农业的经验,要转变观念,树立新理念,根据各地的资源、区位和市场条件,因地制宜发展观光休闲农业,从而改变农业就是第一产业的旧观念,建立农业与旅游业结合,第一产业和第三产业相结合的新型现代大农业产业体系。

2. 研究与规划并举

台湾地区农业最高农业管理部门——台湾地区农委会对发展休闲农业极为重视,在农委会下设立休闲农业管理、辅导处和推广科,各县市也相应设立休闲农业管理、辅导机构,台湾地区从上到下形成了观光休闲农业的管理和辅导体系。政府主要负责制定政策法规,编制和审批规划,安排资金补助和贷款,支持公共基础设施建设,提供信息咨询,制定评价标准,定期检查和评估,加强与旅游部门联系。我国台湾地区相关部门机构在做好休闲农业规划,包括休闲农业的产业发展规划和农业园区的建设规划的同时,根据休闲农业产业需求,开展相关课题的研究。2005年,台湾地区休闲农业的研究主题分别为服务人员人格特质、服务态度与服务行为关系研究;经营模式研究;园艺治疗活动对于提升休闲农业竞争力的研究;台中县新社乡休闲农园规划建置研究;旅游商品特色研究;养生农业园区建置模式研究等。

3. 加强园区建设的规划和检查评证

虽然台湾地区的休闲农业园区已达1102家,但经过农委会筹建的只有206家。农委会与休闲农业学会合作推动了园区和农业旅游景点的检查评证,并颁发认证标志。台湾地区休闲农业园区检查评证分别以核心特色、园区规划、创意运用、解说与行销、组织与人力管理、环境与景观管理、社区参与、观光资源8项进行评证。台湾地区农委会为鼓励休闲农场提升服务品质,提供人们正确选择优质休闲农场的标准,特委托台湾地区休闲农业学会按照"2005年度台湾地区休闲农业服务品质提升计划——休闲农场评鉴、认证与辅导计划",进行优良休闲农场的评选及甄选工作,并编印优良休闲农场服务宣传手册。评选的对象为经农委会核准设置登记或准予筹设且实际经营的休闲农场。评选内容包括：①农场资源；②农场设施及活动配置图；③整体经营方向；④服务及体验活动；⑤餐饮服务；⑥住宿服务。评选项目标准等共分3个方面、16个项目。评选分数70分以上，未满80分者为"良等"；80分以上，未满90分者为"优等"；90分以上者为"最优等"。

我国内地农业旅游景点和农业园区的空间布局主要为"城市郊区型"与"景区边缘型"，但近几年来在一些大型城市（尤其是北京）其空间布局呈现出"遍地开花型"，其主要弊端表现在：自发建设多；挂个牌子就采摘；各自为政，缺乏系统管理；发展特点不突出，缺乏宏观系统的规划等。在加强园区建设的规划和检查评证工作中，我们可充分借鉴台湾地区发展休闲农业中的经验，使我国大陆农业旅游景点和农业园区建设步入正轨。

4. 大力推行社区经营的理念

台湾地区休闲农业园区和乡村游憩地的发展跳出了以往规模经济思维，朝向精致农业政策的延伸转型。休闲农业园区的"园区"概念，被赋予了具有地方意义的community（社区）的理念，而不再只是一个强调专业生产的属于工业特质的park（厂区）概念。整合农场、农园、民宿或所有景点，使其由点连成线，再扩大成面，最后以策略联盟方式构成带状休闲农业园区，并适时开展以策略联盟方式结合的"社区"理念来推动各项工作，这是台湾地区发展农业旅游和休闲产业的成功经验，也是走在世界休闲农业开发建设前列的重要原因。如在10年前废弃的台湾地区金瓜石冶金矿区为了发展乡村民宿和休闲旅游，聘请规划设计单位作了详细的《金瓜石社区产业辅导计划》，并在以后的运作实施中，通过定期出版《金瓜石社区报》、开办矿山讲堂方式等全力打造浪漫度假社区。这与我国内地目前很多农业旅游景点开发建设过多注重硬件设施建设、片面追求产值形成鲜明对比，用经营文化、经营社区的理念来开发建设我们的农业旅游景点理应成为我们工作的重要部分。

（四）台湾地区休闲农业与休闲产业发展的启示

据台湾地区休闲农业学会调查统计显示，台湾地区前往观光休闲农业区的游人绝大多数是不熟悉农业、农村的城市居民。每到周末或节假日，相当多的城市居民到乡村、田园去度假,到观光农业区去体验。

在我国内地,城市化发展快,城市人口增多,交通拥挤,环境污染,城市人很希望到郊区农村观光旅游,这为发展城郊观光休闲农业提供了市场需求。我们应抓住城市这个目标市场,积极发展现代都市型的农业旅游和休闲产业。同时,开展农业旅游可以减少农产品中间流通环节,并可带动农产品销售、餐饮住宿、休闲购物、观光度假及其他旅游活动(如垂钓、农家乐)的发展而产生乘数效应。为实现农业旅游的健康发展,我们必须做到以下几点:

首先,应大力加强农业旅游与休闲产业设施的建设与发展,这是立足城郊资源优势,调整农业、农村产业结构的重要基础步骤之一。

其次,国家农业部门应重视发展农业旅游,并成立相应的管理机构,组织、规划、推动大陆农业旅游的发展,为发展农村旅游这一新型产业提供组织保证。

最后,要加强与旅游部门的合作,促进农业与旅游的结合。台湾地区农委会主要负责休闲农业发展规划,投资建设工作,而旅游部门主要负责组织旅行社及游客前往休闲农场观光旅游,以扩大客源市场。所以,农业部门和园区经营者应积极与旅游部门联系,开展旅游合作,建立农业旅游网络体系。

第七章 休闲渔业规划与案例

第一节 休闲渔业的定义、类型与形式

一、休闲渔业的定义

休闲渔业（Leisure fishery）是指人们劳逸结合的渔业方式。它自20世纪60年代开始，在一些经济较为发达的沿海国家和地区迅速崛起，并随着时代的发展，从休闲、娱乐、健身逐渐发展到旅游、观光、餐饮行业与渔业的有机结合。实现渔业第一产业与第三产业的结合，既可充实渔业的内容、扩大渔业发展空间，也能为渔民、渔业创造更大的社会、生态和经济效益。

台湾地区学者胡安庆（2002）为休闲渔业所下的定义为："利用海洋渔业资源、陆上渔村村舍、渔业公共设施、渔业生产器具、渔产品等结合当地生态环境、人文、宗教信仰等规划设计相关活动或休闲空间，提供民众认知和体验渔业进而达到休闲游憩的功能。"

欧庆贤（2003）将休闲渔业定义为："休闲渔业为利用渔村设施、渔村空间、渔业生产的场所与产品、渔业经营活动生态、渔业自然环境与渔村人文资源，经规划设计，以发挥渔业与渔村休闲旅游功能，增进国人对渔业与渔村之体验，提升游憩功能，增进国人对渔业与渔村之体验，提升游憩品质，并提高渔民收益，促进

渔村发展。"

换句话说,休闲渔业就是利用人们的休闲时间、空间来充实渔业的内容和发展空间的产业。这种定义在中国大陆得到普遍认可,现已成为当前国内各地渔业旅游发展的代名词。

二、休闲渔业的类型

(一)台湾专家给休闲渔业划分的五种形态

运动型休闲渔业:运动型休闲渔业属于较为激烈的休闲活动,一般需要专门的技巧,具有挑战性,例如海钓、矶钓、游泳、潜水等。

体验型休闲渔业:体验型休闲渔业是以亲身体验渔捞作业、参与养殖、水产品加工制造、鱼类回游、渔村生活等较亲水性的活动。

食用型休闲渔业:以食用为主要目的的休闲渔业,以供应重视鱼食健康和鱼食文化的游客群体为主要对象,例如假日鱼市、直销中心、海产街等均属于此类。

游览型休闲渔业:以海上游览观光为主的休闲渔业,例如赏鲸、蓝色公路都属于这个类型。

教育文化型休闲渔业:注重海洋知识的普及,海洋馆、海产品展览和解说,以及近年来各地区政府所举办的鱼类节庆文化活动都属于这个类别。

具体分类如图7-1。

(二)现代休闲渔业的分类

生产经营型:是指一些渔场以渔业生产为主,以垂钓为辅的生产经营方式。如北京徐辛庄渔场、板桥渔场等。

休闲垂钓型:是指一些专业垂钓园和设施较完备的垂钓场以开展垂钓为主,集游乐、健身、餐饮为一体的休闲渔业。如北京昌平小汤山垂钓园、顺义马坡垂钓园等。

观光疗养型:是指一些公园山区结合周围旅游景点,综合开发水资源,"住水边、玩水面、食水鲜",既有垂钓、餐饮,又能观景、休闲、度假、避暑。如北京颐和园、怀柔虹鳟鱼一条沟等。

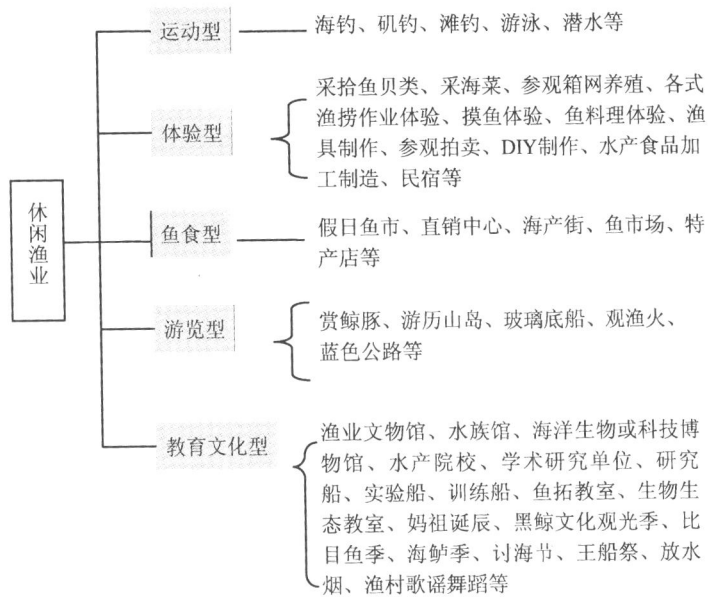

图7-1 休闲渔业分类图示

展示教育型:是指一些水族馆以展示海洋鱼类为主,集科普教育、观赏娱乐为一体的现代化博览馆。如北京太平洋海底世界、富国海底世界等。

三、休闲渔业的形式

(一)钓鱼活动

"太公钓鱼,愿者上钩",这个典故反映了钓鱼产生于远古,几千年前就已经成为重要的社会活动了。不过远古的钓鱼主要是一种觅食谋生的手段,而现今的钓鱼更多的是休闲和体育形式,分休闲垂钓和竞技体育钓鱼两类。休闲垂钓为普通民众所青睐,有专门为钓客准备的商业钓鱼场,往往采取计时收费的服务形式。竞技体育钓鱼则专业性比较强,要求比较高。钓鱼竞赛有省市地方俱乐部或者协会组织的专题赛,也有全国锦标赛,乃至国际大赛。

(二)渔业体验

游客直接参与渔业活动,如海边拾贝或在安全水域利用各种渔具渔法捕鱼捉虾等。此类是最简单直接的休闲渔业活动,业者只需要提供简单安全的条件就行,参与者不论贫富、老少男女皆宜,并能尽兴,颇受欢迎。

（三）鱼品餐饮

主要是烹制鱼品的品尝活动,三五知己相聚于沿海沿江的海鲜大排档、把酒临风、大快朵颐。

（四）渔业旅游

利用水域建筑一些渔业设施,结合旅游路线组织观光活动。国外有在拦河坝的过鱼通道上建造旅游设施的例子,即在为洄游性鱼类专门建设的鱼道水旁修建观光走廊,面对鱼道的一侧留置玻璃窗口,可以观察产卵期成群结队溯流而上的鱼群。再就是大家熟悉的海洋公园比如香港海洋公园、广州海洋馆等。

（五）观赏渔业

由于观赏鱼已进入千家万户,形成了庞大的市场需求,因此吸引了众多投资者来淘金。围绕着这个方兴未艾的市场,近年来有许多展览公司积极开辟观赏鱼及水族用品大型会展并举办各种各样的大赛,甚至把一些稀有的精育观赏鱼个体抬高到数十万元的惊人价位。大型商业公司的大堂里经常可以看到大型观赏鱼缸摆设,据说有风水和旺财的意头。

（六）渔业科普

许多大学或科研机构都拥有大型鱼类和水生生物标本馆,现在已有一些由此类标本馆改装成的可以对外开放的展览馆,有的已经实际打开大门对外,通过合理地收费迎接市民特别是中小学生的参观,在那里可以了解到许多有关自然、生命、进化、生态环境等方面的知识,具有良好的教育和科普功能。

（七）其他休闲渔业形式

如北京市怀柔、房山等县,在发展流水养虹鳟鱼的同时,建立了具有观光、垂钓、品尝等一体化的休闲渔业景区,取得了可观的经济效益。在西部地区,四川省渠县利用山水风光发展了一种以游船为主,集赏景、娱乐、避暑为一体的经营方式,号称"住在水边,食有河鲜,观有胜景"。沿海地区休渔渔船或转产转业渔民则发展了"渔家乐"旅游观光渔业模式,客人可参与渔获劳动,甚至可以把自己捕获的渔鲜自己加工成菜肴享用。

第二节 休闲渔业的发展过程

一、休闲渔业的发展

20 世纪 60 年代,休闲渔业诞生在拉美加勒比海地区。20 世纪 70 年代到 80 年代,在一些社会经济和渔业发达的国家和地区如美国、加拿大、日本、欧洲以及中国台湾地区,休闲渔业开始盛行。目前,休闲渔业在许多国家已成为一项重要的产业。

休闲渔业的概念是由休闲农业发展而来,在国家农业部的解释中,广义的农业包含了农、林、牧、副、渔等产业,休闲农业是政府为改善农渔村经济的政策之一,主要是结合农渔村特色资源、观光休闲、农渔村体验等特色而成的一种体验式活动。休闲农业除了具有生产功能之外,也可以使游客融入"农村生活"与"生态平衡"的概念,进而提供国人休闲的新地点。而政府机关为解决农业劳动人口过剩、资源退化明显及环境破坏日益加重所引起的传统渔业危机,有必要扶持有意愿的渔业从业人员转营休闲渔业。

休闲渔业是对渔业生产的补充,是对渔业资源的综合利用,是在渔业资源锐减的情况下,充分利用现有的生产工具和海洋渔业资源,开拓出来的一条新路子,是实现渔业产业结构调整的战略选择。因此,从隶属关系上看,休闲渔业应是渔业的一种新形式,生产者也多是原来的专业渔民。休闲渔业涉及出海捕捞和近海垂钓,使用的生产工具和生产方式都有其特殊性,必须在符合渔业生产和渔业资源环境的前提下,因地制宜地设计休闲渔业项目,建造有关的设施,以休闲渔业来促进当地的渔业生产。

从休闲渔业的发展史上看,其最初的定义是等同于娱乐渔业的,这就使休闲渔业这一概念包含了很大成分上的娱乐因素。休闲渔业作为一种依托渔业设备与空间、渔业生产场地、渔业产品、渔业经营活动、渔业自然环境与人文资源等发展起来的休闲方式,与人们的休闲生活、休闲行为、休闲需求(物质和精神的)密切联系,是与现代旅游相结合的新型交叉产业。

因此,休闲渔业是把旅游业旅游观光、水族观赏等休闲活动与现代渔业方式有机结合起来,实现第一产业与第三产业的结合配置,以提高渔民收入,发展渔区经济为最终目的的一种新型渔业。随着21世纪的到来,社会节奏加快,学习和工作的压力增大,人们的生活方式亟须得到调剂,使自己能以健康的身心更好地投入学习和工作,休闲渔业作为人们劳逸结合的渔业活动方式必将得到更加广阔的发展空间,正如台湾地区经济学家江荣吉教授所言,20世纪是劳动时代,21世纪是休闲时代;20世纪是劳动型文化,21世纪是休闲型文化。休闲渔业正是适应这一潮流而在全世界兴起的。

二、休闲渔业旅游的产生

(一)休闲渔业在国外的起源

欧美渔猎始于先民的生存作业,其后的发展道路也大同小异。只是到了现代,由于经济快速发展的原因,人们有了更多的休闲时间,促使原来谋生的作业方式演变成为休闲娱乐甚至体育锻炼和竞技行为。游钓业与社会经济状态密切相关,旅游钓鱼目前主要在发达国家和地区较为流行。

非洲三大湖(维多利亚湖、坦干伊喀湖和马拉维湖)的大批钓客主要来自欧美发达国家,每年为湖畔城市带来巨额外汇。根据美国钓鱼运动协会(ASA)的资料,如今美国众多的户外运动中,钓鱼运动始终高居首位。钓鱼运动的美妙是其他运动无法替代的,它和一些乏味运动的不同之处在于:钓鱼是长时间的消遣活动,在钓到许多鱼的同时还能和家人及朋友共度美好的时光。

(二)休闲渔业在国内的起源

渔猎是人类最原始的生存作业,其起源远在农业之前。我国辽东半岛沿海发现的远古遗存的贝丘揭示了远古时代的聚居祖先们食用贝类的历史。考古发掘出土的一些兽骨磨制的鱼钩,表明文明初期的人类已经进行钓鱼活动了。有关渔业最古老的文字记载,见于殷墟甲骨卜文,清末学者罗振玉以及后来的郭沫若先生都有考据。

史记关于"舜渔于雷泽"的记载,则反映了远古时代政治家与渔业的密切关系。大家津津乐道的商周姜子牙，更是由渭滨垂钓进入政坛，把钓鱼当成晋身之道了。在经济较为发达的时代，食用鱼渔业开始转变成为休闲娱乐的形式。比如南宋皇室在京师临安筑池养金鲫鱼观赏，此后千百年来经过许多有心人的不断选育繁衍，培育出精彩纷呈的金鱼系列，成为中国的"国鱼"并享誉世界。

三、休闲渔业的发展历程

(一) 休闲渔业在国外的发展历程

休闲渔业始于古代，兴起于近现代，其中以钓鱼运动的兴起最为广泛。钓鱼是一项陶冶身心，锻炼意志的体育运动，不受职业、性别和年龄的限制，深受世界各国人民喜爱。1952年，美国、比利时、丹麦、法国、意大利、瑞士、南斯拉夫、匈牙利、捷克斯洛伐克、民主德国等发起成立了"国际钓鱼运动联合会"，制定了竞赛项目，定期举行世界钓鱼锦标赛。前民主德国、南斯拉夫、巴西等国先后举办过世界性的钓鱼比赛。钓鱼比赛一般设置了钓重量赛、钓大鱼赛、钓小鱼赛、钓单种赛、抛竿赛（投鱼）、多项综合赛等比赛项目。除钓鱼竞技体育之外，休闲垂钓是更为广泛的人类活动，并且形成了庞大的产业。

(二) 休闲渔业在国内的发展历程

我国政府对钓鱼活动十分重视，为了加强对全国钓鱼活动的组织领导，1983年9月成立了中国钓鱼协会。目前，许多省市也先后成立了钓鱼协会。钓鱼组织的建立，加强了对钓鱼活动的指导，使人民群众的钓鱼活动朝着健康的方向发展。中国自20世纪80年代初开始在无锡、重庆、上海等地多次举行垂钓比赛。1985年9月2日，在北京市张家湾举行了我国第一届全国钓鱼比赛，以后又在各省市先后组织了多起不同规模的钓鱼比赛，开展科研和对外交流活动，有效地促进了全国的渔具生产和销售，活跃了钓鱼爱好者的业余生活。从此，群众性的钓鱼活动在全国各地蓬勃地开展起来，国外旅游者来我国垂钓的人数也越来越多，垂钓已成为发展旅游业的一种手段。

第三节 休闲渔业的发展现状、问题及前景

一、休闲渔业在国外的发展现状

20世纪90年代初,休闲渔业在西方迅速兴起,并形成产业,如日本、西欧和美国,休闲渔业对本国经济的影响可谓举足轻重。

美国的钓具制造商和钓鱼爱好者于1949年共同创立钓鱼运动协会。据美国钓鱼运动协会(ASA)的资料,2001年,全美有4400万名年龄在6岁以上的人从事钓鱼,也就是说每5个美国人中就有一个是钓鱼爱好者。美国钓鱼爱好者全年每人平均钓鱼24天半,一年的直接消费是47亿美元,带动地方、州、国家的经济收入1160亿美元,有超过100万的就业和钓鱼产业息息相关,工资累计可达300亿美元。实际上,休闲渔业已经成为美国现代渔业的支柱产业,在美国全国有游钓船(艇)1500万艘,游钓渔业产值从1984年的180亿美元增加到1997年的870亿美元。在海上游钓区有完善的餐饮、旅馆、商场、娱乐场所等各种服务设施,充分满足游钓客人的休闲需求。

在得克萨斯人口集中的大城市圣安东尼奥市(San Antonio)市32公里内,1960年代由公共事务部建造的两座水库[布罗伊尼克湖(537公顷)、卡拉韦拉斯湖(1397公顷)]原用于电厂冷却水源,随着经济社会发展逐渐成为该市主要的户外休闲游钓活动场所。为此,这两个水库建立了多品种鱼类群体,包括大口黑鲈、条纹鲈、石首鱼、红鼓鱼等普通品种。得克萨斯公园和野生生物办公室专门立项对两湖鱼类资源消长与游钓人群结构的平衡关系进行研究,建立可持续的生态平衡关系。由此可见,休闲渔业已经引起政府和科技界的高度重视,并把它摆放到社会和谐和生态平衡的高度来操作。

日本有世界"钓鱼王国"之称,有2000多万钓鱼爱好者,约占全国人口总数的20%。日本有全国性和地方的钓鱼协会或联合会720多个,出版有18种钓鱼方面的报纸、杂志,并且拥有全国性和地区性的钓鱼研究机构。日本20世纪70

年代就提出了"面向海洋,多面利用"的发展战略,对沿岸和近海渔场实施整治,推动"渔港渔村综合整备事业"。同时,还在沿海投放人工鱼礁,建造人工渔场,采取措施改善渔村渔港环境,发展休闲渔业。1975年后,随着日本国民收入和业余时间的增加,日本开始广泛利用沿海渔港周围作为游乐场所,发展健康的游钓游乐活动。日本从事游钓导游业者2.4万名,其中的90%是与渔业有关的兼职人员。游钓事业的发展,使渔民收入提高和渔村生活多样化,推动了渔村经济发展和生活环境优化。

北欧不到500万人口的芬兰,爱好冰上钓鱼的人竟达50万,其全国钓鱼协会下设18个分会,628个钓鱼俱乐部,各个季节都会组织钓鱼比赛。1984年,第28届全国冰上钓鱼比赛有6000多人参加。

在观赏鱼方面,英、法等传统欧洲国家有较悠久的消费历史,目前,英国有14%的家庭饲养观赏鱼,每年消费1.4亿尾以上。日本每年仅是出口金鱼一项就获利上亿美元。

新加坡在20世纪80年代以来发展成为全世界最大的观赏鱼批发转口基地,美国、欧盟和日本是全球观赏鱼主要进口市场。日本锦鲤风靡本国后推向世界,成为享誉国际的名贵观赏鱼类,高端精品一尾售价可达数万美元。马来西亚和印尼的亚洲龙鱼(Arowana)原来只不过是当地原住民的食物鱼,20世纪80年代被开发成为观赏鱼后,因其金甲般的鳞背和威武的身姿备受亚洲精英人士的推崇,从此身价百倍,高端精品每尾售价也达到上万美元。目前,全球观赏鱼年国际贸易额达到50~60亿美元,各国国内消费数额庞大,促使观赏鱼产业蓬勃发展。

二、休闲渔业在国内的发展现状

中国是一个渔业生产、贸易大国。改革开放以来,我国渔业生产以年均超过10%的速度增长。2005年,水产品总产量已达到5101.65万吨,约占全世界水产品总产量的一半,连续15年位居世界首位。其中出口256.83万吨,总值78.88亿多美元,居农产品出口创汇第一位。我国的水产品国际贸易基本上都是食用产品,观赏鱼出口量微乎其微,在世界观赏鱼国际贸易总量中不到5%,而且主要是来自台湾和香港的产品。

我国休闲渔业的发展还处于初级阶段,且地区差异性极大,不过,这是一个很有发展潜力的产业类型,在个别产业发展状况好的地区,休闲渔业甚至可以作为渔业的拳头产品支撑整个渔业的有序发展。大力发展休闲渔业,对一个地区无论是第一产业还是第三产业的发展都极富意义。

近几年,休闲渔业在我国沿海地区有所发展,但尚处于比较分散、水平不高的起步阶段,各地多是根据当地的自然资源优势,因地制宜地建设休闲渔业项目,适应社会的需求。发展休闲渔业,富裕了渔民,调动了渔民的积极性,使渔业走出困境,促进了渔业经济的新发展。其经济效益和社会效益明显,已显示出了良好的发展前景,如北京发展休闲观光渔业的垂钓年收入就超过亿元,休闲观光渔业总收入占整个渔业经济收入的1/3。据统计,目前全国有钓鱼爱好者数千万人,游钓、餐饮和旅游业的结合,将为我国渔业和渔区经济发展带来新的生机和活力,发展潜力很大。

但是,休闲渔业作为渔业结构调整过程中出现的新鲜事物,目前尚处在初级阶段,尚有下述问题需要在发展中逐步解决:①设施不配套,相关管理、服务跟不上;②我国的休闲渔业集旅游观光、垂钓(捕捞)、购物、餐饮、文化娱乐为一体的大规模休闲场所目前数目还很少,休闲渔业还未做好规划布局;③如何搞好渔业资源、环境资源和人力资源的优化配置与合理利用等问题。

三、休闲渔业存在的问题

(一)国外休闲渔业发展中存在的问题

休闲渔业的产量迅猛增长,目前,国际上一些地区的休闲渔业已超过商业捕捞,与商业捕捞争夺有限的渔业资源。在澳大利亚新南威尔士的许多河口,鲷鱼对虾的休闲渔获量已是同种的商业捕捞的许多倍。在美国,休闲渔业波及到许多已经存在过度捕捞的水产种类——包括红鼓(red drum)、菖鲉(bocaccio)和红鲑鱼(red snpper),它们主要被休闲渔业所捕获。

休闲渔业对渔业资源产生的压力不可忽视。在美国,对休闲渔业的管理只控制渔获物,不控制入渔的人数,这种入渔人数的增长会对渔业资源产生较大的压力,在美国,过度捕捞与正在过度捕捞的种群中,休闲渔业已占到23%,由于对渔获物大小、数量的限制,导致了入渔者将钓上的鱼扔掉或放生的现象出现,使鱼类的死亡率与亚死亡率增加。休闲渔业还造成鱼类体长与年龄结构的降低,由于主要对渔业生物链顶端生物进行捕获,改变了海洋生态系统的结构、功能、生产率。休闲渔业由于主要集中在近海区域,这些区域又是鱼类多个生命阶段的栖息地(如产卵、摄食、洄游),所以休闲渔业经常以非成熟鱼为捕获目标,并且,渔线、渔钩还会对海鸟、海洋哺乳动物以及其他海洋生物产生伤害,增加了它们的死亡率。

(二)我国休闲渔业发展中存在的问题

对于广大的沿岸、沿海渔村渔区来讲,充分利用近海、沿岸的渔业资源和环境资源,因地制宜地发展海上垂钓、海上观光、参观购物和品尝海鲜等休闲活动,既可以改造海洋环境和渔村、渔港的环境,也可以为当前转产转业渔民提供更多的就业机会,从而促进渔区经济建设,增加渔民的经济收入。然而,目前如何发展休闲渔业,建立规范的休闲旅游市场机制尚未完善。虽然沿海一些地区休闲渔业已经有所发展,取得了一些经验。但是,在诸多方面,例如渔业船舶检验与准入制度、执业人员及其相关人员的培训、游客人身安全保障等方面均没有统一的条款和规章制度,市场管理比较混乱。目前,我国发展休闲渔业存在的问题和困难,主要表现在以下几个方面:

1. 渔区自然资源优势问题

不同地区的资源禀赋是经济结构调整的基础。每个地区发展渔业的资源禀赋都不尽相同。具体而言,地理位置(沿海和内陆)、水体特点等方面都存在一定的甚至是极大的差异,从而导致了不同地区比较优势的差异。在大力发展休闲渔业的今天,不同地区应从实际出发,分析当地发展休闲渔业的可行性,不可盲目发展,应坚持以保护渔业生态环境,发展渔业生产力,优化渔区产业结构,繁荣渔区经济为指导,发挥各地人文自然资源优势,努力建设适应不同层次、不同需求、不同规模、不同类型的休闲渔业基地。

2. 观念问题

在纯渔村经济发展的地区,从事渔业的生产者多是世代相传的渔民。让他们从生产性的捕捞业转入到休闲性渔业,在一定时期内还存在一定的难度。

3. 资金问题

资金短缺问题一直是阻碍沿海渔区经济发展的一大重要因素。休闲渔业的发展需要大量的资金支持。长期以来,我国渔业投入资金较少,渔区、渔港基础设施的建设远远不足。在当前转产转业的政策背景下,资金问题更为突出,资金不足、缺口较大现象更加严重。

4. 劳动者素质问题

劳动者素质是休闲渔业发展中一个不可忽视的因素。目前,从事休闲渔业的劳动者多是一些专业渔民,他们从传统的捕捞业转移而来,文化教育程度偏低,缺乏一定的知识和技能。而休闲渔业的发展需要有大批具有一定知识和技术的专业人员,这样可以给游客一定的指导。

5. 市场环境问题

休闲渔业的发展需要有一个良好的外部环境和健全的市场服务体系。目前,休闲渔业市场比较突出的问题就是市场体系和市场管理机制不完善,管理职能不明确,在落实监督管理方面做得也不够,致使休闲渔业市场处于一个比较混乱的状态。

四、我国休闲渔业的发展前景

随着我国社会经济的迅速发展,国民收入显著增加,休闲消费的财力得到较充分的保障,加上双休日制度和"黄金周"制度的实施,提供了休闲的时间保障。丰富的水域旅游资源、众多风景秀丽的江河湖库、黄金海岸,成为人们向往的旅游和休闲之地,特别是垂钓娱乐活动发展很快,已成为一些城镇居民休闲的重要选择。因此,我国的休闲渔业具有广阔的发展空间。

(一)保护生态环境,可持续发展休闲渔业

鉴于我国休闲渔业刚刚起步,高素质的休闲渔业场所数目还相当少,规范化管理也远未完善,所以发展休闲渔业项目仍应持慎重态度。发展休闲渔业应以水域环境、水产资源、渔业传统文化等为优势,维护优良的水环境,把观光、饮食、娱乐休闲等优化组合,做出特色,实现垂钓、娱乐、餐饮、展示等功能的综合开发目标。

(二)提高渔业劳动者素质,加强技术培训

休闲渔业是一项新兴的产业,也是一种新的旅游资源,同其他任何产业一样,休闲渔业需要具有一定知识技能与较高水平的工作人员,然而,现有的从事休闲渔业的工作人员状况决定了这一新兴产业的发展状况。在休闲渔业现有的执业的人员中,多是世代相传的专业渔民,且老龄化程度较高,其现有知识水平是不能满足休闲渔业发展要求的。因此,要推进休闲渔业的发展,保证休闲渔业的质量,就要加强宣传教育,进行人力资本投资,加大其技能培训,提高休闲渔业的安全性,提供给游客更好的服务和指导。

(三)完善管理机制,健全休闲渔业保障体系

休闲渔业的发展涉及众多管理方面的工作,例如游客的人身安全管理、饮食卫生管理、船舶审批手续的管理和船舶安全管理等各个方面。加强休闲渔业的管理,首先要明确行使休闲渔业管理职能的主管部门,落实管理职责,制定切实可行的措施,并落实监督管理。同时,还应该协调好休闲渔业同其他行业的关系,发挥各方面的积极性,共同发展,以保证休闲渔业的健康持续发展。

(四)建立渔区的转移支付制度

目前,已经有相当数量的专业渔民转移到休闲渔业行业,但是,他们需要大量的资金投入到休闲渔业,凭借自有的积蓄是远远不够的。建立转移支付制度就是要建立对纯渔村渔区的财政转移支付,建立鼓励发展休闲渔业的发展基金、专项基金、补助基金等,这些都将有利于渔民开展休闲渔业活动。

随着社会经济的发展,更多的国家和更多的人民会投入到休闲渔业活动中来,使休闲渔业产业呈现更加光明的前景。

第四节 休闲渔业开发案例研究

一、美国休闲渔业的发展模式及其成功经验

美国东临大西洋,西濒太平洋,海岸线全长 22 680 公里,内陆水系密布,湖泊

众多,水域资源得天独厚。美国休闲渔业的发展历史久远,最初以垂钓俱乐部等为主要形式,后来随着人们收入增加,休闲时间延长,外出旅游或到郊外度假成为时尚,用于休闲娱乐目的的私家船艇大量涌现,推动了休闲渔业的高速发展。目前,休闲渔业在美国经济中占据重要地位,产值约为常规渔业的3倍以上,同时还极大地带动了相关产业,如渔具、车船、修理、交通、食宿等的发展,促进了社会就业。2001年,美国休闲渔业的总消费额为415亿美元,远高于其渔获物的价值;同时,休闲渔业及相关产业共为社会提供了106.8万个就业机会。

美国休闲渔业的蓬勃发展得益于其在管理体系建设、资源保护、法制建设、科研支撑等方面采取的一系列积极措施。

(一)科学的管理体制

包括行政管理和行业管理,两者相互补充,相辅相成。行政管理包括两种类型,一是联邦的管理,二是各州的管理。联邦的行政管理机构是国家海洋渔业局和内政部鱼类与野生生物局,分别管理海洋休闲渔业和淡水游钓业,主要负责全国休闲渔业的管理、研究和规划等。而各州的休闲渔业管理机构则负责本州管辖水域内的休闲渔业管理。行业管理即在美国的各种行业协会也自发地参与休闲渔业的管理,如美国钓鱼协会(SFI)等,其主要职能是为科研机构组织专门的调查、制订鱼类资源保护计划并促进其实施、推动游钓活动的发展、为游钓爱好者服务等。

(二)完善的法规体系

随着休闲渔业的发展及其在渔业经济中的比重不断增加,休闲渔业的开发与管理也被纳入到政府的渔业法律体系当中。从联邦到各州都制定了各种强制性的渔业法律法规,目的是为了保护环境,保持渔业发展与环境、资源、生态协调,确保休闲渔业的可持续发展,最终保护渔业从业者和消费者的合法权益。这些法律法规内容广泛,包括游钓许可证制度、渔具总可捕量限制(TAC)、休闲渔业配额、特殊鱼类配额和渔获物的规定等。另外,联邦政府渔业局及5大区域办公室、州政府、海岸防卫队、地方法院4部门构成了严格的执法体系,确保相关法律法规的贯彻实施。

（三）严密的决策机制

美国政府非常重视科研对休闲渔业管理和发展的指导作用。不论是针对某个物种采取生态保护措施，还是进行某项决策、制定某项法规，都要以科学研究为依据，增强可行性，避免盲目性。这些研究都建立在科学调查的基础上，如为进行海洋休闲渔业的统计调查，国家海洋渔业局在1979年就进行了一项全国性的规划，建立了一个可靠的数据库来反映休闲渔业对海洋资源的影响，其结果专门供国家海洋渔业局、各州及州际渔业委托机构和地区渔业管理委员会在进行渔业估算和管理决策时使用。

（四）高效的管理手段

美国在渔业发展中建立了高效的信息管理系统，可以准确、有效、及时、全面地提供关于美国渔业的各种数据信息，为休闲渔业的健康发展和高效管理提供技术支撑和保障。

根据最新的研究资料表明，休闲渔业已成为现代渔业的支柱性产业。美国的游钓爱好者从1982年的2000万人猛增到1988年的6000万人，估计目前已超过8000万人；美国全国现有游钓船（艇）1500万艘，游钓渔业的经济收入从1984年的180亿美元增加到1997年的87亿美元；在海上游钓区，餐饮、旅馆、商场、娱乐场所等各种服务设施应有尽有，充分满足了游钓爱好者的休闲需求。美国每年有约3520万成年人钓客，在休闲渔业上花费达378亿美元。

二、日本休闲渔业的发展模式及其成功经验

日本地处太平洋，四面环海，海岸线蜿蜒曲折，长度超过30 000公里，水域面积相当于国土面积的12倍，渔业资源非常丰富，是世界上最主要的渔业大国之一。日本的休闲渔业发展迅猛，据农林水产省2002年度休闲渔业调查报告显示，2002年1月到12月，日本娱乐渔船上服务人员总计为14 300人，休闲捕鱼者总计为448.7万人，总捕获量为29 300吨，约为沿岸渔业捕捞量的2%。

日本休闲渔业的发展历程与美国不同。20世纪60年代，日本渔业的发展经历了从沿岸到近海、近海到远洋的扩展和高速发展时期，但到了20世纪70年代，由于石油危机和世界主要沿岸国先后实施200海里专属经济区管理，高度依赖进口石

油和外国渔场的日本渔业,出现了一个减船和渔业结构调整的大转变时期。在这个时期,日本政府提出了"面向海洋,多面利用"的发展战略,实施了沿岸和近海渔场的整治和"渔港渔村综合整备事业",并采取各种措施,发展休闲渔业。

(一)强化管理,加强组织和制度建设

日本休闲渔业最初最主要的形式为游钓业,1993年,日本游钓人数已达3729万人,占全国人口的30%,在有些地方某些鱼种的游钓产量甚至超过了捕捞量。随着参与人数的逐年增加,游钓已不再是单纯娱乐消遣的个人行为,已经开始影响到渔业资源的开发利用和管理,应对以游钓业为主的休闲渔业加强管理的呼声越来越高。

日本政府对此所采取的措施主要有:在中央和地方都增设了休闲渔业组织,强化管理;与国际接轨,由国家立法实施游钓准入制度,并对游钓船的使用情况和游钓的主要品种与产量进行登记;加大投入,建造人工渔场;改善渔村渔港环境,完善道路、通信等基础设施建设,保障休闲渔业持久健康地开展下去。同时,渔民、游钓者和渔业协同组织也参与休闲渔业的管理。

(二)注重科研,促进渔业的持续发展

日本在休闲渔业发展中非常注重发挥科研的指导作用。由于过度捕捞和环境污染,日本的渔业生态环境遭到巨大破坏,日本的科研人员在污染监测系统和治理的研究方面,开展了大量卓有成效的工作,开发出许多有效的污染监测手段和治理方法,使渔业水域环境得到显著改善。另外,日本对人工鱼礁的研究非常细致和深入,水产厅属下的几个研究所都有专人研究人工鱼礁与鱼类的关系以及人工鱼礁的效益等。人工鱼礁的投放,从根本上限制了底拖网作业,海底从平坦变为高低不平,再加上人工放流各种鱼苗,使原本日趋衰退的近海渔业资源得到了恢复性增长,为休闲渔业的发展创造了条件。

三、"蓝色公路"——台湾地区休闲渔业的发展模式及其成功经验

我国台湾地区与内地最具有地缘亲近性,其发展的模式对我国内地休闲渔业的发展尤其具有指导意义,适当地转换和应用就能够使之充分地本土化从而转化成直接的经济利润,因而在讨论这个地区的先进经验时,我们不仅要关注它

的发展方向和发展原则,还要关注它的发展手段和具体实施办法,并充分认识,合理辨析利弊,为实现本土的最优良发展提供最科学的指引。

较之其他地区的发展模式,其最为引人瞩目的创新举动就是"蓝色公路"概念的提出,这也是最值得我们学习的先进经验。下面我们以蓝色公路为切入点,讨论台湾地区休闲渔业的成功发展以及对我们的启示。

(一)概念和由来

"蓝色公路"的概念首次出现于1997年台湾省"交通部运输研究所"执行的研究计划,报告书中提到:"近年来,内陆运输系统由于整体经济、人口、车辆、活动的快速增加,导致负荷沉重,由此产生交通的重大拥挤及瓶颈现象。因此,基于合理、有效地利用整体运输网络,多年来,仍有人建议,建立与发展海上绿色走廊(亦称为蓝色公路),发展台湾环岛航运,来分担现有内陆运输系统运输上的压力。"[1]

《台北县蓝色公路营运管理办法》第三条第一款中定义"蓝色公路"为:在本县境内单港或多港间进出所航行的路线,并于第三条第二款定义"蓝色公路营运"为:在蓝色公路以娱乐渔业渔船、国内客船或载客小船载客,经营单港或多港进出的营业活动。

台湾地区蓝色公路的发展,正式启动于2000年5月28日,在淡水第二渔港举行了北台湾蓝色公路试航活动的开航典礼,开启台湾人休闲旅游的另一扇大门。目前,台湾地区所规划的蓝色公路网,可分淡水地区、台北市、花东海岸、宜兰、高雄沿海及垦丁等6个区域规划发展。

从一般意义上来说,可以将"蓝色公路"定义为:以休闲观光为目的,通过休闲渔业渔船、国内客船或载客小船载客,经营单港或多港进出的营业活动。其中,休闲渔业渔船是指现有渔船兼营、改造、经营休闲渔业的船舶。此后,"蓝色公路"逐渐转型为以海域观光为主,成为热门的亲水性旅游模式。

(二)产生原因和背景

1. 传统渔业环境的改变

随着全球海洋经济的发展,传统的沿海渔业资源已经不能与大量渔民的涌

---

[1] 台湾省"交通部运输研究所".《蓝色公路研究报告书》,1997.

入相适应。台湾地区传统渔业的发展与内地一样面临资源日趋衰竭和环境日益恶化的问题;养殖业的迅猛发展虽然成为渔业的支柱产业,然而科技滞后而导致病害、养殖业自身污染、水域生态日益恶化等诸多新问题,由此导致几万渔民面临转产转业。因此,传统渔业必须转型朝休闲渔业发展,渔民与渔村才有生机,大力发展休闲渔业、拓展渔业发展空间,对缓解渔业面临的问题,促进渔业持续发展具有重要的意义。它不仅能促进海岛开发,促进渔港、码头、渔村建设,促进渔区对外开放、城乡交流,繁荣渔区经济,还能带动相关产业如交通、旅游、餐饮、渔具等服务行业的发展,为剩余渔业劳动力提供就业机会,缓解渔业生产和渔区经济生活中的矛盾。

2. 居民休闲的需求

随着台湾地区居民收入的提高,休闲活动已逐渐成为人们生活中重要的一环,过去被视为昂贵的海域游憩活动,如驾驶游艇、帆船,操作冲浪等活动也已逐渐为台湾人所熟悉与接纳。1987年7月15日,台湾地区正式结束戒严,1998年,台湾地区实施周休二日的政策,台湾人的旅游习惯明显改变,根据"台湾交通部观光局"委托的调查显示,台湾人的旅游意愿明显提升,从事休闲活动次数增加,岛内旅游次数也相应增加,旅游市场极具发展的潜力。台湾人在休闲旅游上已经由量的增长逐渐转为质的提升,加上环保意识的提高,民众逐渐转向追求不为自然带来负担的可持续旅游的休闲方式。以往,海洋一直被视为是神秘的、不可接近的地带,虽然过去的人类临海而居,靠着捕鱼为生,但对于深不可测的海洋却始终是敬畏的。这是由于过去人类科技尚未十分发达,对于海洋的认识十分有限,但随着科学技术的进步,人类得以更加了解海洋这片广大的神秘地带,进而利用海洋从事教育、观光等活动。

3. 陆上交通问题的突出

最初,台湾地方政府构建"蓝色公路"的本意并不是为了发展休闲旅游产业,而是为了缓解陆上交通拥挤的情形。由于地形关系,台湾地区东西部交通被中央山脉所阻挡,南北部交通为河流所切断,台湾岛内的交通十分拥挤,尤其是西部,经常发生长时间的堵车。"蓝色公路"纯粹是一种船舶载送的交通运输行为,属于交通运输体系的一环,意在以客船或载客小船在本国各港口间经营公共运输乘客行为而收取报酬的事业。台湾地区四周环海,港口间船舶往来方便,"蓝色公路"的构建就成为缓解陆上交通拥挤的有力措施。

(三)发展特色

1. 具有可持续发展理念

蓝色公路的本质是一种生态旅游,体现了可持续发展的理念。蓝色公路以休闲观光为目的,通过休闲渔业渔船、客船或载客小船载客,让游客既可以体验海洋或者河流沿岸的风光,又可以体验渔民的生活,包括吃海鲜和体验捕鱼等项目。一方面为渔民提供了新的就业机会,促进了传统渔业的成功转型;另一方面,通过渔港与沿岸自然人文景观结合,蓝色公路为旅游者提供积极的体验,同时做到经济上可靠、环境上适宜、社会文化上可以接受。蓝色公路体现了一种对环境负责的旅游方式,因此,游客可以通过它获得在其他旅游区不能获得的愉悦与满足。

2. 体现亲水文化

人类心理上就有一种亲近水的欲望,离水越近,人们就越愉悦。蓝色公路的建设恰好体现了亲水文化。台湾地区民众对海洋有着强烈的旅游需求,通过建设蓝色公路,为台湾地区民众提供了一个亲近海洋的环境。

3. 对资源的优化和整合

与一般的休闲渔业不同,在台湾地区通过建设蓝色公路把在海洋或者河流沿岸的各种自然资源和人文资源串联在一起。从一个港口到另一个港口,游客可以得到不同的旅游体验。在海洋,游客既可以进行登岛航程,又可以在特定的区域赏鲸或观看飞鱼穿梭海面;沿着河岸,分布着丰富的人文景观,可满足游客旅游行为的连续性、自主性以及多元性。通过对资源的优化和整合,形成一个完整的旅游线路,打响了旅游品牌,提高了各旅游景区的知名度,有利于发挥区域的旅游集聚效应。

4. 发展休闲渔业的有效手段

蓝色公路是利用丰富的海上资源开辟一条可以欣赏台湾省沿岸及邻近海域风光的旅游新线路。蓝色公路对台湾地区传统渔业的产业升级,发展休闲渔业具有推动作用。通过发展蓝色公路,将整个台湾省的港口连成一个环岛的旅游线路,使得原来各自发展的休闲渔业变为各港口协作发展,彼此分工合作,有效地促进台湾地区休闲渔业的发展。

(四)台湾地区休闲渔业的启示

1. 政府引导,企业渔民配合

在台湾地区,蓝色公路最早是由地方政府提出的,政府在蓝色公路的建设过程中起领导作用。从第一条蓝色公路——台北县淡水地区蓝色公路,到后面的高雄、宜兰、垦丁等,都是由政府引导招商引资,通过民间资本的投入以及政府的规范发展起来的。因此,如果内地要引入蓝色公路的概念,地方政府必须在开发规划、法律健全等方面有所作为。海洋休闲渔业旅游的成本较高,如娱乐渔船、观光游艇、旅馆等动辄数百万、上千万,故使渔民转型不易,难与大型企业竞争。所以,政府需要进行整体规划,积极引导、协调企业与当地居民间的利益分配和共存问题。

2. 大力宣传,推动学习

在发展蓝色公路这种新生事物的过程中,由于其知名度较低,必须大力宣传。一方面,利用电视、报纸、网络等广告媒体对公众宣传,深入介绍台湾地区蓝色公路发展情况,宣传福建发展蓝色公路的意义、必要性和有利性,让更多人认识和了解休闲渔业,吸引更多的资金投入蓝色公路产业。另一方面,从台湾地区的经验看,渔民是休闲渔业发展及管理的主要助力,但如果引导不好也是主要阻力之一。因此,必须对渔民进行宣传,让渔民认识到蓝色公路的好处。此外,由于渔民素质的原因,大部分渔民在利用海洋资源时没有环保意识,可能造成海洋资源的破坏,在这方面也必须对渔民进行教育和培训。

3. 科学规划,合理利用

引入蓝色公路概念,借鉴海岛经验,必须经过科学的反复论证,进行科学规划,对海洋资源和沿岸人文资源合理利用;必须与渔业、旅游业的总体布局相结合,要立足现有基础,发挥资源优势,因地制宜,突出主题,争创品牌,要做好长期规划。

4. 区域合作,共同发展

蓝色公路的建设涉及不同地区的利益与分工,区域之间必须协调合作,共同发展。要切实加强港口建设和海洋资源保护,为发展蓝色公路创造条件。沿海各城市应秉承"一荣俱荣,一损俱损"的原则,加强区域之间的合作,共享区域之间的资源,包括港口、游船、管理经营权等,避免出现重复建设,资源浪费等现象。要加快交通等基础设施建设,加强合作,加快传统渔业向休闲渔业的产业结构转变,以达到共同繁荣发展。

第八章
高尔夫休闲规划与案例

第一节 高尔夫的定义与起源

一、高尔夫的定义与起源

(一)高尔夫球运动的定义

高尔夫球运动的定义:高尔夫球运动是指球手站在平坦宽阔、绿茵如织的草坪上,利用长短不一的球杆,从一系列发球台上把一个个小球依次击打入洞的一种富有挑战性的户外运动。

高尔夫球场一般设在风景优美的草坪上,中间需要有一些天然或人工设置的障碍,如高地、沙地、树木、灌丛、水坑、小溪等。球场的形状没有统一的标准。9个球洞的场地面积为3034平方米;18个球洞的场地面积为6400平方米。球洞直径10厘米,深约10.5厘米。每个球洞的旁边插一面小旗,距离洞口100米或500米处设一个发球点。高尔夫(GOLF)一词是绿色(Green)、氧气(Oxygen)、阳光(Light)和步履(Foot)4个英文词的第一个字母所组成,体现出高尔夫球运动是在充满新鲜空气和灿烂阳光的绿草坪上漫步击球的深刻内涵,反映出高尔夫球运动对于人体健康的积极意义。

(二)高尔夫休闲

高尔夫休闲是东西方社会随着高尔夫运动的社会化和职业化发展而悄然兴

起的一种休闲行为。所谓高尔夫休闲,是指高尔夫球爱好者或职业高尔夫球员,通过旅行到达异地高尔夫球场打球,或者职业高尔夫球员以旅行的方式连续在不同的地点参加高尔夫球巡回赛的行为表现。因此,我们所说的高尔夫休闲,并不完全代表普通意义上的旅游行为,而是以特定的方式在特定的地域范围内,从事高尔夫运动实践的旅游休闲活动。

(三)高尔夫起源

高尔夫是荷兰文 Golf 的音译,意思是"在绿地和新鲜氧气中的美好生活"。由此可以知道,高尔夫球是一种在优美环境中进行的娱乐活动。因为玩这种游戏设备昂贵,所以在一些国家又叫它"贵族球"。高尔夫球运动的起源众说纷纭,目前主要有苏格兰牧场起源说、苏格兰北海岸起源说、荷兰 KOLF 起源说和中国捶丸起源说四种观点。苏格兰牧羊人在放牧时,为了打发寂寞的放牧时间,用牧鞭将石子击入兔子洞中,这种"击石入窟"游戏逐步演变成一项娱乐性较强的体育运动。另一种观点主张高尔夫起源于苏格兰北海沿岸的圣安德鲁斯城,15 世纪初,圣安德鲁斯城的驻守士兵在训练之余,经常在草地上进行一种"击球入穴"的游戏。第三种观点是早在 1000 多年以前,荷兰牧羊童们在闲暇时,常常用手里的牧羊棍打击小石头,久而久之,他们就经常比谁击得远、击得准。荷兰语中 KOLF 为"打、击"的意思,由于英语中 GOLF 与荷兰文 KOLF 的发音相同,这也成为高尔夫球起源于荷兰的证据。第四种观点是来源于中国唐朝的捶丸图。唐、宋、元时期,人们用几种长短不一的竹木杆将一种绣球击入洞中,以击打次数少者胜,而且"捶丸人"所持的竹木杆与今天高尔夫球杆的样子十分相像,酷似今天的高尔夫球运动。

率先打高尔夫球的是苏格兰北海岸的士兵,后来逐渐引起宫廷贵族和民间青年的浓厚兴趣,最终成为苏格兰的一项传统项目。尔后传入英格兰,19 世纪末传到美洲、澳洲及南非,20 世纪传到亚洲。由于打高尔夫球最早在宫廷贵族中盛行,加之高尔夫球场地设备昂贵,故有"贵族运动"之称。

20 世纪,高尔夫运动传入我国。1931 年,上海成立了高尔夫球游戏中心。同年,中、英、美合办高尔夫球俱乐部,在南京陵园体育场旁开辟了高尔夫球场。

二、国外高尔夫休闲产业发展历程

高尔夫的发展是与16世纪英国上层社会兴起的俱乐部密切相关的。英国绅士以拥有知名俱乐部的会员资格来体现社会地位的高低,并在自己的俱乐部里与人交往,而不会随便到公共社交场所。高尔夫俱乐部成为当时英国上层社会的一个重要的社交场所之一。

最早的高尔夫俱乐部是1744年成立的莱斯绅士爱好者俱乐部,随后在1754年成立了圣安德鲁斯球友会,由22个贵族和绅士组成,并制定了13条基本的高尔夫球规则,从1834年开始,国王威廉六世成为俱乐部的常客,吸引众多贵族和绅士加入,而后改名为"圣安德鲁斯皇家古典高尔夫俱乐部"。俱乐部除了为会员提供球场服务外,还定期组织社交活动。在俱乐部里,英国绅士良好的道德修养、端正的品行、优良的操守及对生活高雅品位的追求,吸引了当时有身份和地位的人加入到高尔夫俱乐部。

高尔夫运动随着英国皇室和贵族的足迹遍布世界各地。英国以外最早的俱乐部是1820年印度的班加罗尔(Bangalore)俱乐部,1829年的印度皇家高尔夫俱乐部。随后,出现了爱尔兰的皇家俱乐部、法国的巴伯罗(Pau)俱乐部、澳大利亚的皇家阿德莱德(adelaide)俱乐部、北美最早的加拿大皇家俱乐部、南非的好望角俱乐部、美国纽约的圣安德鲁斯俱乐部和香港皇家俱乐部。由于高尔夫运动最早在宫廷贵族中盛行,自然成为当时英国和欧洲绅士、贵族们竞相参与的运动。

1900年,第二届国际奥林匹克运动会曾把高尔夫球列为表演项目。

1908年,英国成立了第一个高尔夫球俱乐部。

1984年,国际奥委会批准高尔夫球为奥林匹克运动会的正式比赛项目。

经历数百年的持续发展,全球高尔夫球场数量已达到数万多个,高尔夫球场以俱乐部会员制运作的形式被广泛接收。高尔夫俱乐部对加入俱乐部的新会员制定了一定的规矩和限制条件,一些规矩直到今天很多俱乐部仍然保留。加入高尔夫俱乐部的会员必须接受和遵守高尔夫俱乐部的这些规矩和礼仪,这就保证了俱乐部适时吸收社会上的精英分子加入。也就是说,作为一个会员的行为、语言应该符合俱乐部的规定,会员在俱乐部和球场上的言行应具有绅士风度。高尔夫的这种贵族文化被全世界越来越多的人所认同,成为吸引成千上万业余会员的特有魅力。

如今,现代高尔夫已经成为了一项全球性的体育产业。不管从体育运动的角度,还是休闲娱乐的角度分析,美日欧等西方发达国家和区域高尔夫的发展都体现了产业性和经营性的特点,已迅速成为新兴的社会产业。在中国,20年的发展使高尔夫球迅速地蔓延,250家球场的建立和超过100万的高尔夫球人口的诞生都是最好的证明。

三、国内高尔夫休闲产业发展历程

1896年,中国上海高尔夫俱乐部成立,标志着高尔夫球正式进入中国,但是,由于当时中国经济落后,极大地制约了高尔夫球运动的发展。自1984年以来,我国与外国合资,先后建设了多个高尔夫球场,这项运动才真正在中国人心目中有了自己的地位。1985年5月24日,作为一家全国性的群众体育组织,中国高尔夫协会在北京正式成立。1986年1月,我国首次举办了"中山杯"高尔夫邀请赛。1995年,深圳观澜湖高尔夫球会承办了第41届"世界杯"高尔夫球比赛,这是中国第一次举办高尔夫球世界级大赛。1995年,深圳大学高尔夫学院成立,开创了中国高尔夫高等专业教育的先河。

高尔夫球在中国的发展一直以来存在激烈的争议。根据高尔夫时代网的统计资料,截至2008年5月,我国内地已建成的高尔夫球场有227个,分布在全国29个省、市和自治区。我国内地大约有500~1000个高尔夫球场在建或即将完工。从我国内地高尔夫球场的分布上看,东南沿海经济较为发达的广东、福建、浙江、上海、江苏、山东、海南共有118家俱乐部,占总数的52.7%,京、津、冀地区44家俱乐部,占19.6%,二者相加占72%以上,这些地区经济总量以及人均GDP排名都位居全国前列,从一个侧面反映出高尔夫与经济发展的高度相关性。经济学家迟福林认为,中国内地潜在的高尔夫消费者目前是2000万人,2020年可能是5000万人。有关专家预测2015年,中国内地的高尔夫球场数量将赶上日本,达到2700座,高尔夫球人口将达到3000万人,年消费将突破两亿场次。

高尔夫球运动在中国内地发展如此之快,国内企业商务人士、地产开发商和各级政府的推动是主要原因,国外政、商精英也在推波助澜。在内地,高尔夫球已经不是一项单纯的体育运动,而成为很多企业商务人士的一种社交渠道。据不完全统计,参与高尔夫球运动的人群当中,约有36%的人主要是工作或商务需求。高尔夫正在成为世界几乎所有重要国际会议期间的必备内容,成为世界政商精英和现代成功人士对话交流、增进友谊的流行社交方式。

第二节　高尔夫休闲的发展现状与问题

一、高尔夫休闲的发展现状

(一)国外高尔夫休闲运动发展现状

高尔夫球运动是一项世界性的体育运动,盛行于全球多个国家。高尔夫球俱乐部作为该项运动的载体和核心,遍布世界各地。

在欧洲,18世纪英国的工业革命促进了英国工业和贸易的发展,促进了人员的流动,使高尔夫球运动在英国迅速蔓延,并传遍欧洲。作为高尔夫球运动发源地的欧洲,有着高尔夫球运动的传统,仍然是世界高尔夫球俱乐部最发达的地区之一。欧洲高尔夫巡回赛是世界高尔夫球重要巡回赛事之一,英国高尔夫球公开赛是全球四大高尔夫球赛事之一。

在美国,高尔夫球运动非常普及,上至总统,下至平民百姓都参与其中,是真正实现了高尔夫球运动大众化的国家。另外,具有资源优势的加拿大也是西方高尔夫球运动发达的国家之一。

亚洲自20世纪70年代以来,逐步成为全球高尔夫球运动发展最快的地区。日本、韩国高尔夫球运动在亚洲最发达。泰国有高尔夫球运动发展的优越自然条件,发展速度自20世纪80年代中期开始加快。目前值得关注的是越南,近年来,越南开始发展高尔夫球运动,主要是为了开发旅游资源,与泰国不同的是,开发越南高尔夫球场的主要是外国投资者,其中包括中国的投资商。

国外高尔夫休闲运动具有以下特征:

1. 高尔夫休闲运动普及率高

国外的高尔夫运动发展非常自然,它就是一项运动。在美国,高尔夫运动非常普及,球场的数量达到18 613座,占全球总数31 548座球场的59%;高尔夫产业的总产值高达600亿美元,高尔夫球场成为美国人的基本消费场所。据调查资料显示,美国男子和女子在空暇时间最喜爱的体育活动中第一位就是高尔夫球,其次才是网球和游泳。

2. 高尔夫休闲运动消费大众化

国外的高尔夫球场大多以公众球场的形式存在,面向所有大众平等开放,没有高昂的会费,并且大多修建在社区之中。球场的管理和维护比不上会所式球场的精心和专业,但依然是发球区、果岭和球洞俱全;虽然需要交纳一定的果岭费用,但对普通民众而言,或许只是一次"农家乐"的消费水平。国外球场的低成本运作模式让人感叹。在澳大利亚,大多数球场全天开放,节日和非节日期间,每人每天的平均消费5~30澳元不等。

3. 高尔夫休闲运动是综合产业

在国外,高尔夫球场的建设往往和房地产、商务活动、休闲度假、城市服务结合在一起,是一个综合性的产业。高尔夫球场可以作为多功能商务会议区,成为商务、政务活动的载体;高尔夫球场可以作为休闲度假的居所,其良好的环境和宾馆、餐饮设施成为度假的首选之地;高尔夫球场也是民众社交、运动的场所。

(二)国内高尔夫休闲运动发展现状

1. 早期缓慢发展阶段(1984—1995年)

主要投资方式是中外合资合作。建立高尔夫球俱乐部的目的是为改善城市投资环境,增强招商引资能力。尽管这十多年来高尔夫球俱乐部享受了许多优惠政策,发展却十分缓慢,建立的俱乐部只有20家左右。主要集中在珠三角地区和北京市,这与当时国内经济发展水平有关。

2. 中期的提速发展阶段(1996—2000年)

虽然只有5年的时间,但高尔夫球俱乐部发展速度开始加快。除了珠三角、长三角、环渤海和北京市的高尔夫球俱乐部取得较快发展外,福建、云南及海南等都开始发展高尔夫球俱乐部。5年内共建成高尔夫球俱乐部70多家,投资方式也出现了多样化。正如当时媒体所报道的一样,全国掀起了高尔夫球场建设的热潮。

3. 近期限制型政策下的蓬勃发展阶段(2001—2005年)

政府从经济发展条件因素、自然资源因素和高尔夫球俱乐部存在的诸多问题考虑,对高尔夫球俱乐部的发展实行了限制型政策。控制了项目审批,严格了审批程序,取消了各种优惠政策,提高了营业税率等。

4. 虽严格限制发展,但高尔夫产业发展依然迅猛阶段(2006年至今)

目前我国高尔夫项目一律禁批,尽管如此,房地产开发商仍以各种名目改头换面建设高尔夫球场,如以体育运动公园、休闲公园的名义,获得项目审批,实质是建设高尔夫球场。高尔夫球场的核心赢利点是配套的高尔夫地产,在这种背景下,高尔夫用品市场、高尔夫教育等相关产业发展迅速。

二、我国高尔夫休闲产业特征

国内高尔夫旅游最基本的特征主要包括以下几点:

(1)球场远离城市人口密集地区,有独特的人文景观、自然景观。

(2)有便捷的交通服务体系以及全年大部分时间的全程接待能力。

(3)消费过高,缺乏足够的常住人口支持,需要强大的外部潜在消费市场。

(4)受土地政策限制,我国用地紧张,禁批新建高尔夫项目。

(5)产业综合性强。高尔夫旅游度假基地模式一般通过高尔夫主题旅游包装与营销策划,与名胜古迹、主题公园、度假村、出租别墅等结合,这些度假基地可以独立发展为具有规模的观光市镇,提供长期居住或满足目的地型多日游和疗养的活动需求。目前国内较典型的球场包括云南昆明春城湖畔高尔夫俱乐部、北京第一城高尔夫球场、海南三亚亚龙湾国际高尔夫球会和博鳌高尔夫球场群等。

三、我国高尔夫休闲产业存在的问题

从高尔夫球运动条件对经济发展条件的要求来看,我国仅有部分发达城市的部分居民的人均收入达到了高尔夫球运动发展所需要的收入水平和消费能力。但由于我国自然资源,尤其是人均自然资源不足的限制,加上目前少部分高尔夫球俱乐部在发展中使用了良田、耕地、林地,甚至城市商业用地,且占地面积大,资源浪费严重,这使得政府对其采取了限制型政策。概括起来,我国高尔夫休闲产业发展存在和面临的主要问题是:

(一)自然资源制约

我国虽然幅员辽阔,但是宜耕、宜林地不多,人均优质土地资源稀缺是摆在中国高尔夫球运动面前的最大的困难和问题。另外,球场内大面积的草坪、花木的浇灌需要大量用水,而我国许多城市水资源紧缺,用水矛盾十分突出。土地资源和水资源的不足是制约我国高尔夫球俱乐部发展和未来实现大众化的首要因素。

(二)经济发展条件限制的问题

高尔夫球俱乐部的发展与经济发展条件密切相关,依赖于国民的收入水平和支付能力。高尔夫球消费相对中国目前的经济发展水平,完全是高消费,只有部分经济发达城市的中高收入人群才具有消费能力。我国尚不具备高尔夫球俱乐部发展所需的经济条件是影响高尔夫球俱乐部一定时期内在全国范围内全面发展的主要原因。

(三)对高尔夫球运动的理解偏差和管理不规范

从高尔夫球运动进入我国开始,通常被人们认为是一项"贵族运动"或"老板运动",这在无形中就把高尔夫球运动看作少数人的休闲项目,加上高尔夫球运动在我国的普及程度不高和高尔夫文化的传播不足,导致了人们对高尔夫球运动的曲解。高尔夫休闲产业的发展与文化业、住宿业、交通业、商贸服务业、市政公用事业等的发展紧密相连,其发展需要各管理部门和产业的协作。如果在开发和管理过程中,对出现的问题认识不足,就会产生混乱局面,从而影响其正常发展。

（四）高尔夫休闲产业专业人才缺乏

目前，我国已建成200多个高尔夫球场，急需高尔夫专业人才。虽然全国有深圳大学、同济大学、暨南大学、复旦大学、湖南涉外经济学院等高校开设了高尔夫球运动与管理的相关专业，但目前学生毕业人数不超过1000人。专业人才缺乏将严重影响高尔夫球运动的健康发展。

（五）高尔夫休闲产业发展规划缺失，同质化现象严重，功能单一

现阶段，我国高尔夫休闲产业的主要活动大多以高尔夫比赛、练习和交友为主，具体表现在吃、住、赛、练、游等方面，而以高尔夫为主的文化艺术休闲、健康疗养休闲、高尔夫经济论坛等还处于原生状态。另外，我国的高尔夫休闲产业尚处于初级阶段，高尔夫产业没有形成格局，与邻国的高尔夫产业缺乏联系，从而导致了高尔夫旅游产业的发展与文化产业、商贸服务业、市政公用事业等产业的横向联合不够。

第三节　高尔夫休闲的发展前景及对策

一、推动高尔夫休闲的"平民化"

我国的高尔夫运动起步较晚，还没有形成相当的产业规模，普通大众对高尔夫的认知度不高。而且高尔夫运动在中国来说还是一项费用昂贵的"贵族化运动"。大多数普通老百姓难以消费，因此就更难提及高尔夫休闲了。如果要发展高尔夫旅游，最首要的就是要把高尔夫运动"平民化"。为了高尔夫休闲的可持续发展，应该考虑如何吸引一般的中产阶层人士参与，壮大高尔夫运动的参与队伍，逐渐将高尔夫变成一项全民健身运动。平民化程度提高就会大大增加高尔夫休闲的客流量，从而加速高尔夫休闲的发展速度。

二、调整市场策略，加强与有关中介组织的合作

从总体上看，旅游市场具有全球性特征，我国高尔夫休闲的客源市场多集中

在日、韩和港澳台地区,发展高尔夫休闲应高度重视多市场策略,不仅要吸引亚洲球客,还要把目光放在欧美。尽管与国内和亚洲市场比,欧美的人数目前较少,但是面向全世界的市场策略将能使中国高尔夫休闲市场立于不败之地。如国内及亚洲休闲市场下降,欧美市场将会形成巨大的支撑。发展高尔夫休闲还要积极与各种类型的中介组织合作,如国际高尔夫旅游经理人组织以及一些推进公共关系合作的协会等。那些推进公共关系合作的协会社交网络大,层次高,影响力强,与其合作就可通过他们来宣传,并向有关企业、组织及特定群体进行公关,招揽客源。目前有两类客源值得关注,一是国际会议的高端商务客人,二是国外大企业经常进行的奖励性度假。

三、合理规划高尔夫球场及附近景区,提高其附加值

提升高尔夫球场的附加值关系到政府部门对土地使用的科学决策。同时,高尔夫球场的建造还可以改善周围的环境,吸引房地产业的投资,减少政府对绿化的投入。另外,要引进国际化管理,吸取国际上先进的管理规划经验。随着高尔夫相关法律文件的颁布,高尔夫球场建设的标准逐渐向国际化水平靠拢,同时,球会又对球场周边的酒店、度假村、房地产的配套设施加以完善,以提升自身的吸引力和竞争力。

四、加强高尔夫休闲产品的开发,提高接待服务能力

早在几年前,国内就有多家旅行社组织策划多条境内、境外高尔夫休闲线路;但是,与国外已形成的数十亿美元产值的旅游市场相比,国内市场还有待挖掘。多数旅行社在组织策划高尔夫休闲方面经验不足,因此,旅行社应多注重加强高尔夫休闲的策划管理,着重培育一批拥有高尔夫专业知识和礼仪的从业人员,满足客人对"高尔夫导游"双重身份的需求。旅游相关单位还应重点推出与消费者水平和偏好相符合的休闲产品,明确自己的目标市场,正确进行休闲产品、休闲形象的定位,这将有效地配合我国高尔夫休闲发展的要求,只有整体接待水平得到提高,才能吸引更多的高尔夫休闲者。

中国未来的高尔夫休闲发展十分需要高尔夫与休闲相结合的专业人才,有了这方面的人才,现在很多旅行社和球会遇到的问题就会迎刃而解。解决了这些问题,中国高尔夫休闲发展的前景就十分可观了。中国高尔夫休闲已经形成了良好的基础,但同国外数十亿美元产值的高尔夫休闲市场相比,中国市场潜力还远远没有挖掘出来。

第四节 高尔夫休闲案例研究

一、巴黎国际俱乐部(Paris International Club golf course)

巴黎国际俱乐部坐落于离法国首都巴黎24公里的地方,是由杰克尼劳斯(Jack Nicklaus)唯一在法国设计的高尔夫球场。这个山坡短草球场拥有非常棒的水障碍与岛屿果岭,是一个锦标赛级的18洞球场,曾经主办过隶属于欧洲职业高尔夫球手协会(PGA)巡回赛的法国女子公开赛。巴黎国际俱乐部是巴黎地区最高品质的球场之一,它也是一个高级的高尔夫乡村俱乐部,是俱乐部公司(Club Corp)的会员,拥有经典的俱乐部会所和奢华的设备。

巴黎国际俱乐部面积约5500平方米,会员在这里可以享受到高质量的服务和舒适轻松的气氛,俱乐部有一个特点就是会员和客人只能在周末和节假日打球,其他的时间对游客开放参观,这样就最大限度地保护了草坪,而且吸引了众多游客去参观旅游,这样就最大限度地提高了俱乐部的知名度,俱乐部的饭店则是全部时间都对外开放的。

二、海南观澜湖高尔夫球场

(一)球场条件

海南观澜湖高尔夫球会坐落于中国海南岛的万年火山岩地貌之上,该高尔夫度假区将成为这个热带度假天堂的瞩目亮点,提供世界级休闲、康乐及养生配套设施,打造中国又一休闲旅游新地标。奢华酒店共有423间宽敞舒适的客房、98间尊尚套房及四间复式总统套房。所有套房均设有观景阳台,尽览高尔夫球场及度假区的天然景致。尊尚楼层配有最先进的水疗配套及一级礼宾服务,为追求超凡度假体验的宾客带来最佳体验。

该高尔夫度假区拥有海南岛上最崭新和全面的康乐及康体设施,包括融合万年火山岩地貌的特色高尔夫球场、海南唯一的火山岩主题水上乐园、规模庞大且建有健身室、室内游泳池、儿童乐园、图书馆、画廊等的康乐中心、购物广场和高尔夫专卖店。共有12所风格各异的餐饮食府,呈现世界各地充满特色风味的佳肴,为四方宾客提供富有品味及情调的餐饮体验。

(二) 案例解析

1. 名师设计球场

海南观澜湖火山岩高尔夫球场由美国著名设计师亲自设计,由美国、加拿大、澳大利亚、爱尔兰、泰国、马来西亚等50多名知名专家与中方专家精心建造。

2. 世界级水准

球场风格功能各异,可以满足各类需求,作为中国高尔夫的摇篮,观澜湖可以举办亚太地区最重要的赛事,包括高尔夫世界杯和亚洲业余锦标赛等,并且可以承办世界级赛事。

3. 世界最大的高尔夫集群

观澜湖是中国最高档次的高尔夫和休闲度假胜地,也是"吉尼斯世界纪录"记载的世界上最大的高尔夫球会。球场最大特色就是火山岩风貌,球场最大限度地保留了火山岩地区的原始风貌及植被,球场中绝大部分的石墙、废墟、古民居都成为球场的景观组成。

4. 十大球场的各自魅力

海南观澜湖球会十大球场各具特色,吸引着世界各地的高尔夫运动爱好者。

(1) 壹号场 - BLACK STONE

这是全球高尔夫爱好者慕名朝圣的球场。它完整保留着万年火山熔岩石的原始地貌,在返璞归真的自然环境中,穿行于茂密幽静的古林老树及恬静优美的明湖川泽,享受不断变化的挑战。这个世界级比赛场地设计独特,让观众以最广阔的视角来观看比赛,尤其在最后几洞,观众能从多个角度见证胜利的时刻,这样的球场才不失为真正的世界顶级比赛场地。

(2) 贰号场 – STONE OUTBACK

具有澳大利亚著名的带状沙地球场之鲜明风格。白沙闪耀的大沙坑是这一球场的一大特点,在绿茵绵延的开阔平原上,林立着澳洲色彩的桉树,点缀于距离适中的果岭与发球台,让人感受这份沁人心脾的绿意。

(3) 叁号场 – STONE RUINS

延续了19世纪高尔夫球场的经典风格。依循山形而设计的球道,保持了最自然的地形地貌,在青葱茂密的幽谷丛林间,四处可见堤、壶状坑、垄及长型沙坑等天然障碍,独树一帜。

(4) 肆号场 – LAVA FIELDS

短三杆球场,击球一杆上果岭,然后就是果岭推杆。球道周围都是被火山岩和大片沙坑包围。这个球场和周围自然景观融合的天衣无缝。

(5) 伍号场 – WHISPER ROCK

独有的天然黝黑矿沙坑与万年熔岩石不规则地布满球场,是挑战性极强的国际赛事球场。广角平原、稀疏的树木,尽显荒原气质,让视野更辽阔。平原上的黑沙与熔岩完美融合,全场总长度为6764米,具备举办重大赛事的能力。

(6) 陆号场 – GARDEN STONE

这是一个风格友善而又充满现代感的球场,密集的棕榈树与繁茂的花卉灌木,衬托出现代度假胜地的精致优雅,精心雕琢的沙坑点缀在宽敞的球道。友善而又轻松的氛围,适合所有程度的球手,是一个能让你轻松享受打球乐趣的球场。

(7) 柒号场 – STONE LINKS

开阔的视野、优质的天然草坪及快球道,充分展示着令人振奋的设计特色,适合擅长控制短杆的球手,球洞之间皆是繁茂的绿色丛林。每个球洞都只显示码数和差点,是一个不设标准杆但却充满意趣的球场。

(8) 捌号场 – LAVA WALLS

参照美国早期的传统式球场,采用公园式布局,在开阔草地上点缀着郁郁葱葱的树丛,球道和障碍呈独特的几何造型,"教堂长椅"式的沙坑、茂密草坪覆盖的沙坑和天然草为球场增添了开阔草原的独特感觉。独特的3杆18洞球场,每个果岭均有2个开球点,果岭的设计为球手提供了两种灵活选择:一个较为简单并有多个推杆位置,另一个则具有相当高的挑战性,对初学者而言充满休闲放松的乐趣,而对于球技精湛的高尔夫爱好者,又是精进球技的绝佳之处。

(9)玖号场 – DOUBLE STONE

这块球场作为对史密特科里团队的导师——北戴先生的献礼,陈列出了与他的设计相关的所有独特风格。铁轨枕木、突兀的山包、雪丘形障碍、大片的荒地沙坑以及火车车厢式桥梁等,所有这一切组合在一起,创造出了非常独特的景观特征。

(10)拾号场 – STEPPING STONE

将人们带入"沙的世界",这块球场以高大的沙丘和海南岛广阔的海滩上所能找到的当地植被为景观,呈现出富有特色的环境条件。不过,它并不是一块沙滩球场,而是以波浪起伏的造型和度假区中最大的果岭为特色。作为一个大约仅有6032米、标准杆为70的球场,这里发球台和果岭间的密切连接非常有利于人们在其中的行走,也大大降低了打球所需的时间。

5. 配套学院

高尔夫教学项目的核心在于教练及教练为学员制订综合教学计划的能力。观澜湖海口汉克哈尼高尔夫学院杰出的教学人员来自于世界各地,均为精英中的精英。

6. 合作球会

作为一个世界顶级高尔夫度假胜地,观澜湖与全球多个高尔夫球会紧密合作,让我们的会员及伙伴球会的会员都可在全球知名的高尔夫球会尊享非凡礼遇。

三、上海滨海高尔夫俱乐部

(一)球场条件

上海滨海高尔夫俱乐部于2000年开业,整体规划建造54洞国际标准高尔夫球场。已投入使用36洞,包括18洞仙湖球场及18洞森林球场。上海滨海高尔夫球场已成为华东区最大规模的高尔夫球会之一。

(二)案例解析

1. 名师设计球场

仙湖球场设计由享誉世界、连续五届获得英国高尔夫公开赛冠军的彼德·汤姆森(Peter Thomson)先生主持。汤姆森先生累积了在全球各地设计及改造超过150多个球场的经验,为本俱乐部设计完美的苏格兰风格球场,尽享东海海滨之美。新9洞的森林球场糅合了滨海地区的自然景观及原始地貌,天然植物与沙坑和湖泊完美的结合,定能满足不同球技的高尔夫球迷。

2. 世界级的专业管理

俱乐部执行董事韦德哈姆·亨瑞(Wyndham Heyring)先生锐意加强管理,满足会员的需要,将滨海高尔夫俱乐部的服务水平提高至国际水准。亨瑞先生曾受雇于誉满全球的香港皇家高尔夫球会(Royal Hong Kong Golf Club)担任总经理一职逾十年之久;亨瑞先生还曾于全亚洲最具规模的观澜湖高尔夫球会任执行董事一职。亨瑞先生将引领本俱乐部员工为会员带来更多英伦风尚和珍贵管理经验,使俱乐部得到稳定持续的发展。

3. 国际化的会员

超过50%的会员都是外籍人士,包括欧、美及亚洲各国的精英,其中不少更是世界500强企业的高级行政人员。滨海高尔夫俱乐部不但缔造了青年才俊的时尚世界,更成为了在沪最受外籍人士欢迎的球场。

4. 卓越的服务理念

绅士运动历经近9个世纪的沉淀,在此被充分理解为:提供令每位会员倍感尊贵的服务。无论是会籍服务、前台接待、球场管理、餐饮服务等都是以宾客的需要而存在,务求得到宾客的满意。

5. 地势优越

俱乐部坐落在浦东开发区的南端,与日益繁忙的浦东机场仅有20分钟车程,离金茂大厦50分钟车程,与规划中的环球片场仅30分钟车程,中国最大的临港工业园更是近在咫尺。轨道交通、磁悬浮列车、卢浦大桥的贯通更令您轻松穿越城市脉络到达目的地。为了体现会员的尊荣地位,俱乐部更提供了陆家嘴及古北至滨海高尔夫的班车路线,进一步方便会员光临俱乐部。

第九章 拓展休闲规划与案例

第一节 拓展休闲的定义与特征

一、拓展休闲的定义

拓展休闲是以团队的形式,让人们在享受自然风光的同时,通过体验景区里一个个富有趣味性、刺激性的项目,在自然开放的氛围中达到身心双重收获的过程。拓展旅游是指在自然地域,借助游戏、模拟探险等活动进行情景式身心训练的休闲方式。它利用俊、秀、奇、险的自然环境,通过独具匠心的设计,让参与者在野外生存和应对挑战的活动过程中,将拓展培训的理念和形式多样的休闲内容有机地结合在一起,达到"开阔眼界、磨炼意志、陶冶情操、完善自我、愉悦身心"的目标。

二、拓展休闲的特征

拓展休闲作为一种全新的休闲方式,适应未来休闲市场的发展,它不同于传统的以个人游览为特征的观光型休闲旅游,而是强调团体合作和个人体验相结合的参与型休闲方式,具有十分突出的个体特征。

(一)主题多元,形式新颖

拓展休闲是一门融心理学、经济学、运动学和旅游学等多种社会科学于一体的新型学科。它本身也是一项内涵丰富、形式多样的休闲活动,是一系列休闲产品的集合,它所提供给游客的休闲产品是复合型的,能够很好地满足不同的休闲消费群体。在具体的操作过程中,根据组织者或参与者的不同需求,人们可以设定多样化的活动主题(如建立互信、化解冲突、形成认同感等),然后把休闲线路用定向活动(如行军登山、攀越天梯、飞跃激流、漏舟竞渡等)的形式主串起来,并且在活动当中适当添加一些充满趣味性或刺激性的情景游戏,使整个休闲活动更加生动,更有生活气息,而且还能学到一些特殊的知识和技能。

(二)情景互动,内容丰富

传统的观光型休闲旅游产品中,旅游者对旅游客体只是被动地接受与感知,处于"被组织"和"被安排"的地位,很难真正体现出作为旅游活动中的主体地位的独立自主性。而拓展休闲作为一项新颖的功能性休闲方式,则很好地弥补了上述这一不足。依托令人振奋的自然实景、陌生地域、不确定环境,为参加者展开"学习+被教育+体育+娱乐"的全新休闲旅游模式。在它的休闲活动中,人们不仅能主动地参与、还能在设定的场景中充分展示和证明自己。通过实施各种精心设计的新颖、刺激、寓教于乐的活动项目,让参加者积极主动地去参与、思考、讨论、总结,以达到与休闲客体"情景互动、不分你我"的独特感受。它的内容包括:远足露营、登山攀岩、定向穿越、野外生存、游泳、划艇技能等。

(三)企业支持,服务社会

拓展休闲与一般的休闲旅游活动相比,具有很强的社会性实用功能。许多公司和企业通过让新员工参加拓展休闲,增进彼此之间的了解和默契,提高员工的综合素质和对各类复杂、艰难工作环境的适应能力。而公司或单位的领导人则通过它实现了他们培养员工协作和团队精神的目标,使之成为具有较高职业素养和饱满工作热情的企业人才。与一般的休闲旅游不同,许多公司、企业或事业单位的高层管理人员及普通员工,都对拓展休闲产生了浓厚的兴趣。部分企业甚至主动联系旅行社,要求开展拓展旅游项目,并且与公司日常的管理与培训工作结合起来,进行各种形式多样、富有特色的主题活动,为创建高效、优质的企业文化服务,从而实现企业与旅行社之间的"双赢"。

第二节 拓展休闲的发展历史与现状

一、拓展休闲的发展历史

(一)拓展休闲的国际发展史

1. 拓展休闲起源

拓展休闲是指将拓展训练的内容和体验式培训的思想与传统旅游活动结合起来所形成的一种全新的旅游方式。拓展休闲的前身是拓展训练。

拓展训练最早起源于第二次世界大战期间的欧洲。当时,英国的船队经常遭到德国潜艇的袭击,很多人因此丧生,但总有极少数人能够幸运地活下来。通过研究人们发现,这些幸存者大都是年龄偏大并且有丰富生活阅历的人。他们能够在严酷复杂的环境中找到生存的办法,靠顽强的意志力活下来

亲英派德国教育家库尔特·汉恩在英国最早提出"只要环境适宜,进行一定的训练,每个人的积极面都可以激发出来"这一培训手段。他在1942年创建了"阿伯特威海上训练学校"并命名为"Outward Development",意即:一艘小船即将驶离平静的港湾,驶向波涛汹涌的大海,去面临一连串未知的挑战。他们在各种场地通过一些模拟环境,协助英国海军训练,从而增强海军的整体战斗力。

2. 拓展休闲发展历程

第二次世界大战结束后,人们发现在工业化社会里,绝大多数企业家、管理者都面临着与落海者同样的境遇,他们在变化日渐迅速、竞争空前激烈的社会氛围里感到工作和生活的压力,很多人不堪重负,导致精神压抑、情绪焦躁、思想保守,给企业和社会都带来了不利影响。于是这种以户外运动为主要形式的培训学校,继而转向培训企业家和管理者的心理素质、团队精神和管理技能,成为战后推动体验式教学法的先导,国外将这种体验式培训称为"Outward Bound"。

Outward Bound 的发展极为迅速,20 世纪 70 年代传入美国,之后进入亚洲,

香港称之为"外展",1995年,这种培训形式经由台湾、香港传入中国内地,Outward Bound 被翻译为拓展训练,引领起国内体验式培训的蓬勃发展。

目前,全世界已有52所命名的体验式训练机构分布于30个国家,总部在加拿大渥太华。这一国际组织的使命宣言是:激发自尊、挑战自我、锻炼团队。

(二)国内发展史

拓展训练于1995年进入中国内地,短短几年不断发展,备受推崇,并逐渐与旅游活动融为一体,发展成为今天的拓展旅游。拓展旅游在传统旅游的过程中加入拓展训练性的旅游项目,使旅游者在旅游的过程中得到教育和训练,使其自身的潜能得到开发,心理素质、人际交往能力、沟通能力、团队意识等方面在旅游活动中得到提高。拓展旅游不仅满足了旅游者最原始的休闲、放松的需求,而且使旅游者的体能和心理素质在旅游过程中得到锻炼,使旅游者得到身心的体验并获得成长。拓展运动对我国来说是舶来品,自20世纪90年代初逐步在我国推广以来,由小到大,由弱到强,逐步形成了规模。据初步统计,北京大约有40余家拓展培训机构在从事拓展运动的训练。从参加培训的机关干部、青少年、公司经理人的反映来看,效果较好,为提高国民素质尤其是青少年的整体素质发挥了作用,是进行素质教育很好的手段和方法。

二、拓展休闲发展现状

(一)国际发展现状

创始于20世纪40年代的体验学习方式,迅速在世界范围得到传播。1960年,美国引进 Outbound School,通过学员在高山大海的户外实践,改变其精神面貌和心理状态,使学员更加积极向上,这为嬉皮士盛行时期的美国教育打了强心针,也使越战后人们的消极心理得到修复。美国教育界也因此青睐体验学习的方式。哈佛教授戴维库伯(David Kolb)就体验学习从哲学、心理学、生理学角度做了很多研究和阐述,发表了丰富的论著。体验式学习的理论得到空前的丰富。

考虑到户外活动中许多因素难以掌握,风险太高,美国的一些体验式培训机构把高冒险体验带入设计好的游戏中,在安全可控条件下给人同样的启迪。其间,先后有三家机构投入体验式学习的领域进行研究、教学和发展,其一是户外发展学校(Out Wall Bound School),其二是主题式冒险训练机构(Project Adventure Inc.)。两者分别从个人发展和团队建立两个方向切入,虽有着不同的训练结构,但共同运用了体验式学习的教学模式,强调"从做中学"(Learning by doing),并且设计了许多"具体的经验"。

在亚洲地区,新加坡最早建立 Outbound School,此后香港、新加坡、日本先后引进了体验式培训方式。北京人众人拓展训练公司创办的北京拓展训练学校是中国人自己创办的第一所体验式培训学校。

(二)国内发展现状

我国拓展运动刚刚起步,发展并不稳定。主要表现在培训机构规模小、分散、良莠不齐、活动随意性大、市场不规范。有的培训机构没有合格的拓展指导教师,有的没有合乎标准的设施和场地。

目前,国家质检总局和国家体育总局已将拓展场所国家标准的制定工作交给中国登山协会来做。2002 年 3 月 17 至 18 日,中国登山协会召开了由部分培训机构、专家和协会主管人员参加的拓展场所国家标准研讨会,专门就拓展场所国家标准的制定工作进行了研讨。目前,当务之急是加快规范化、制度化建设,把规范化、制度化建设作为今后工作的一个重点。拓展训练于 1995 年走进中国,短短几年不断发展,备受推崇,并逐渐与旅游活动融为一体,发展成为今天的拓展休闲旅游。拓展休闲旅游在传统旅游的过程中加入拓展训练性的旅游项目,使旅游者在休闲的过程中得到教育和训练,使其自身的潜能得到开发,心理素质、人际交往能力、沟通能力、团队意识等方面在休闲活动中得到提高。拓展休闲不仅满足了旅游者最原始的休闲、放松的需求,而且使休闲者的体能和心理素质在休闲过程中得到锻炼,使休闲者得到身心的体验并获得成长。这种特殊的休闲形式能帮助青少年更好地成长,帮助成年人以更好的心态面对和解决生活、工作中的问题。它对提高个人素质、促进个人身心成长有着独特的效果,尤其对青少年的健康成长有很好的促进作用。

虽然目前早有许多休闲旅游公司和拓展训练公司推出了将旅游与拓展训练相结合的休闲形式,如一些拓展训练公司推出的"青少年成长夏令营",一些旅行社推出的"拓展体育游"等,但在理论上"拓展休闲"这一词汇还没有得到休闲界学者的共识,拓展休闲作为一种新的休闲方式还没有得到各地区政府的支持和认可。

三、我国拓展休闲存在的问题

拓展培训这种特殊的培训方式被引进我国的时间很短,它与休闲业的嫁接更是一种新的尝试,尚处于探索与起步阶段。要取得进一步的发展,目前还存在着一些亟待解决的实际问题。

(一)缺少有效的"桥梁"与"纽带"

休闲产品的开发和生产是一个系统工程,需要各个相关产业部门的共同配合和努力。拓展休闲作为一个新产品,对它的开发没有明确的行业规范和管理办法,使得开发过程中旅行社、政府部门、中介机构组织之间的角色分工不明。而中介机构的发育不足,又使得"桥梁"作用难以形成和发挥。同时,由于缺乏相应的资本、技术、品牌等"纽带",相关产业之间的协调和联合无法有效实施,再加上开发设计流程的不合理、不连贯,导致拓展旅游的"六要素"开发不充分,拓展与休闲旅游契合不紧,造成游客体验不充分,受教育不完整,甚至损害旅行社的品牌形象,影响其主导产品的生产和销售。

(二)存在安全问题

拓展休闲以其较大的利润空间越来越受到诸多旅行社的关注。但是,拓展休闲本身的活动特点决定了它毕竟是一种区别于常规旅游的特种旅游产品,具有较高的风险性。许多旅游接待部门在组织上、交通上、活动内容上无法保障拓展休闲的质量,与此同时,参与者大都以年轻人为主,热衷于探险、刺激,安全意识不是很强,旅行社又缺乏相应的保障机制,无疑也会给消费者带来诸多方面的安全隐患。

四、拓展休闲的发展前景与对策

(一)拓展休闲的发展前景

由于体验式训练适应了完善人格、提高素质和回归自然的需要,因此使成千上万的人趋之若鹜,成为素质教育的新时尚。目前,在世界许多国家和地区,已有百余所从事此类培训的机构。总部设在英国的户外训练学校 Outbound School 已在全球五大洲设立了四十多所分校,受训人员包括学生、家长、教师、企业员工和各级管理人员。

拓展运动作为一项新兴的体育运动,根据我们的国情和体育改革的方向,要坚持"政府主导、社会参与、产业运作"的模式来发展拓展运动,不能单纯地依靠政府。通过竞赛,使拓展运动在社会上产生影响,让更多的人了解拓展运动,吸引更多的人参加到这项运动中来。各地的社会体育俱乐部是开展和普及拓展运动的主体,采取产业运作的方式,增强自身造血功能,通过市场开发,达到双赢和多赢,使拓展运动步入良性循环的轨道。

自主创新能力是一个国家和地区的核心竞争力。拓展运动与其他体育运动项目一个很大的区别就是它的创意性。拓展运动作为一项服务产业,通过不断创新,形成自己的品牌,才会吸引更多的人来参加,才会有持久的生命力。由于拓展运动在我国刚刚起步,训练方法是从国外引进的,这就要求我们的专家和培训机构从业人员结合我国青少年的特点、结合中国的传统文化和民族文化,运用现代拓展运动的训练手段,进行大胆的创意,推陈出新,能够逐步形成自己的品牌,在竞争中具备自己的优势,把引进和创新有机地结合在一起,形成中国自己的特色,建设具有中国特色的拓展运动产业。当然,这需要一个很长的过程。只要我们坚持不懈的努力,我们一定能够创造拓展运动的辉煌未来,为提高国民素质做出贡献。

(二)拓展休闲的发展对策

1. 转变观念,加强宣传

近年来,我国国民的闲暇时间和可支配收入日益增长,人们的休闲观念开始转变,为拓展休闲发展提供契机。拓展休闲的经营者应转变观念,在未来的产品开发中重点关注、精心策划,抓住需求发展的契机。同时,加强宣传力度,采用各种宣传手段加以推广,比如邀请社会各界人士和新闻媒体参加拓展休闲的相关活动;介绍国内外采用拓展休闲的成功案例和运作流程;以召开新闻发布会、向企业发放拓展宣传材料、参加供需双方见面会等方式,让更多的人、更多的企业认识、了解拓展休闲,提高人们对拓展休闲的认知度。

2. 横向拓展,深度开发

与纵向排列的休闲产品类别相比,拓展休闲的优势更在于横向的发展,即加强与相关产业的联系,如:住——休闲度假村、吃——休闲饮食业、行——休闲交通、娱——拓展设施等。它可以通过自身独特的消费模式开发一个个单独的产品单元,形成一系列横向联系的产业链,在此基础上,构筑统一的休闲市场。同时,在开发和运作的过程中,注意项目开发的档次和水准,形成不同类型和特色的产品线。在投资项目的选择上要注重拓展休闲产品的深层次开发,完成以拓展项目为载体的集观光、娱乐、度假与探险为一体的完整产品结构,不断推出新产品来适应不同的消费群体,提高产品形象和利润空间。

3. 强化对拓展休闲的安全控制

由于拓展休闲的特殊性,休闲的相关环境和有关条件必然不同于常规休闲旅游,所以在操作及旅游的实施控制上比常规旅游要更为复杂和困难,休闲风险性也比常规休闲旅游大。这就要求必须注意以下两点:第一,线路的安全性。由于拓展休闲的性质,其休闲过程中将会面临种种可能性,遇到种种不可估量或无法预料的自然因素。因此在设计线路及实施操作时应把风险性控制在最低的程度。第二,控制的严密性。由于拓展休闲方式的多样性和休闲对象的奇特性,以及休闲中的配套服务环节不可能全部完善,因此存在着许多难以预测的特殊因素和不利因素的影响,这就要求在组织实施上应把握住各个环节,备有行之有效的各种应急措施和手段,对拓展休闲的各个细节严密分析控制,从而使休闲者得到较为满意的服务。

4. 建立复合型人才培养体系

休闲业是一个知识文化含量较高的产业,对从业人员的文化、素养要求较高。从某种程度上说,人才的整体水平决定了该行业的发展前景。拓展休闲的产品设计、活动串联、导游带团等都需要素质高、知识丰富的专业人才,因此,必须建立复合型拓展旅游人才的培养体系,注重对从业人员实际操作技能和创新能力的培养,在提供拓展休闲咨询、培训从业人员、进行宣传促销、设计休闲线路、提供拓展休闲形象理念等方面,发挥他们的示范、传播、辐射作用,并从理论上丰富和完善拓展休闲的内涵和外延,以带动整体休闲服务水平的提高。

拓展休闲是一个与经济发展和管理水平有密切关系的休闲项目,其本身不仅为企业提供了一种现代化的管理方法,而且为休闲业的发展注入了新的活力。作为一项新颖的特种休闲产品,拓展休闲不但让人们了解如何去创造一种完善自我、熔炼团队、符合时代特征的愉悦身心的休闲方式,而且,拓展休闲的多功能化和良好经济效益的特性,也必将使其成为充满活力和前途的休闲产品,从而受到越来越多的旅行社的青睐。

第三节 拓展休闲案例

一、美铝国际瓶盖系统拓展案例

美铝国际瓶盖系统(天津)有限公司隶属于美国铝业集团,美国铝业集团是全球最大的铝制品供应商,服务于全世界的包装、汽车、航空、建筑和电信领域的客户。美铝国际瓶盖系统(天津)有限公司成立于1994年,产品畅销亚洲和中国市场,是亚洲最大的塑料瓶盖制造商。为了更好的适应市场竞争环境,美铝公司对由日本和美国分别管理的两个分厂进行了合并重组,但如何让重组后的两种不同企业文化与管理模式更快融合,如何让留下来的员工尽快理解公司的企业文化、融入新的团队等问题成为公司管理层迫切期望解决的问题。为此,公司组织全体员工于2007年分批在翼智黄崖关基地参加了拓展培训,培训中的每一个培训项目,每一次亲身体验,都带给每名员工心灵的震撼和启迪。在轻松活泼而又极富挑战的培训中,大家不仅挑战了自我,超越了自我,而且增强了凝聚力和团队合作精神,增进了友谊和信任,加强了沟通和交流。

二、天津万科房地产有限公司拓展案例

地产龙头企业万科地产于2006年参加了一次别开生面的野外体验式培训。天津万科始终坚持规范、诚信、进取的经营理念,鼓励各种形式的沟通与信息共享。此次天津万科也是秉承这一理念,选择天津翼智企业管理咨询有限公司来为其高层领导进行培训。此次野外的活动课程安排在翼智公司开发和使用的兴隆县野外培训基地。培训当日气候异常,穿越途中突降暴雨,增加了体验挑战的强度。但无论是在攀爬自然岩壁的路段,还是在雨过天晴后泥泞不堪的山路上,天津万科的学员们都能够表现出勇于面对挑战,不畏艰难,突破自我的精神。他们没有丝毫抱怨,相互帮助,相互鼓励,在极其专业的培训师和安全保护教练的指导下顺利完成了每个项目。学员们在规定时间内成功地完成了有针对性设计的野外拓展项目,并在培训师的引导下进行了热火朝天的分享和课程讨论,最终,万科的学员成功地完成预定的体验式培训课程,无论是在个人的自我挑战,还是在团队的凝聚力方面,学员们都得到了最深刻的体验和感受。通过这次野外体验式培训,充分展示了万科这支团队的团结协作精神,并进一步提高了团队凝聚力,达到了预期的培训效果。同时也验证了天津翼智公司是一支不但拥有专业培训师队伍,而且精通场地体验式培训,并且致力于打造国内领先的野外体验式培训品牌的超越进取的团队。

三、北京市天朴昌平拓展训练基地

北京市天朴昌平拓展训练基地坐落于素有"京城后花园"之称的京郊明珠昌平县,距京60公里。东面紧靠碧波荡漾的十三陵水库,西北有举世闻名的八达岭长城,周边还有沟崖、蟒山等旅游景点。这里景色秀丽,环境优美,是一个集拓展训练、会议休闲度假旅游于一体的现代化三星级标准培训基地。

昌平拓展训练基地设施齐备,建有达到国际标准主体建筑和附属设施。基地内修建有国际标准的拓展训练设施和安全保障体系,是具有完备的训练设施和多种保障功能的专业化训练基地。同时,基地也是一个企业培训场所,内部配

有先进的会议室、企业培训专用教室以及生活设施和其他训练设施,是目前培训条件完善、专业针对企事业单位团队建设的高端培训基地。

拓展训练基地拥有客房 57 套,126 张床位,分 ABC 三栋住宿。会议室三个,大中小餐厅 3 个,经营怀柔风味菜肴,还可提供具有乡土风味的农家味小吃以及烤虹鳟鱼等。拓展训练基地娱乐设施齐全,设有网球、射箭、桑拿、沙壶球、台球、乒乓球、棋牌、商务中心、中医保健等设施,为游客提供全方位服务。

参考文献

[1] 菲利浦·萨德勒. 管理咨询：优绩通鉴[M]. 北京：中国劳动社会保障出版社，2003.

[2] 众行管理顾问有限公司. 培训需求分析与培训评估[M]. 广州：广东经济出版社，2003.

[3] 陈建翔. 谈谈拓展训练及其对我国基础教育的启示[J]. 教育研究，1997(5).

[4] 拓展训练师资状况. 中国人力资源网[EB/OL]. 知识库频道，www.hr.com.cn. 2005 – 05 – 27.

[5] 拓展训练概况. 人力资源开发管理网[EB/OL]. http://www.hrdm.net. 2004 – 09 – 03.

[6] 向晶，刘杰. 拓展培训研究. 科技信息，2007(14).

[7] 刘凡齐. 我国拓展训练行业现状调查及对策分析. 华东经济管理，2007(1).

[8] 项园园. 拓展旅游——一种新型的旅游产品. 服务经济，2006(9).

[9] 赵小萌，胡心专. 开发拓展旅游的必要性. 市场经纬，2006(22).

[10] 张龄方. 淡水地区蓝色公路发展现况与永续发展策略之研究[D]. 台湾国立中山大学硕士论文，2004.

[11] 刘建延. 冰雪文化的传统性与现代性[J]. 牡丹江师范学院学报（哲社版），2007(1).

[12] 陈波. 成都西岭雪山旅游资源开发利用刍议[J]. 绵阳师专学报（自然

科学版),1996(4).

[13] 李青春.打造冰雪旅游品牌建设旅游经济强县[J].经济论坛,2005(13).

[14] 吴相利,张晶.寒区冰雪文化的地理阐释[J].人文地理,1996(3).

[15] 蒲继铭.世界级旅游精品西岭雪山滑雪场[J].四川政报,2004(14).

[16] 田有年.我国滑雪产业的现状和发展趋势[J].沈阳体育学院学报,2006(4).

[17] 于德生.我国大众滑雪旅游产业发展现状与对策[J].成都体育学院学报,2007(4).

[18] 张凌云,杨晶晶.滑雪旅游开发与经营[M].南开大学出版社,2007(5).

[19] 李瑛.我国博物馆旅游产品的开发现状及发展对策分析[J].人文地理,2004,19(4).

[20] (美)因斯克普.旅游规划:一种综合性的可持续的开发方法[M].张凌云译.北京:旅游教育出版社,2004.

[21] 徐嵩龄.中国的世界遗产管理之路:黄山模式评价及其更新[J].旅游学刊,2002(6).

[22] 伯恩德·H·施密特.体验式营销[M].北京:中国三峡出版社,2001.

[23] 陈文博,郑师渠."非典"北京:文化切入的思考[M].北京:北京师范大学出版社,2003.

[24] 安来顺.20世纪博物馆的回顾与展望[J].中国博物馆,2001(1).

[25] (墨西哥)雅尼·赫瑞曼.博物馆与旅游:文化和消费[J].宋向光编译.中国博物馆,2001(2).

[26] 黄郁成.试论温泉旅游资源的综合开发[J].江西社会科学,2003(9).

[27] 王小军.日本的温泉与温泉医学[J].中国疗养医学,1999(8).

[28] 李翔麟.台湾的瀑布和温泉[J].海峡科技与产业,2001(4).

[29] 立学伦,孙效功,王永红.山东半岛温泉的分布及成因[J].青岛海洋大学学报,1997(7).

[30] 张珂,马浩明,蔡剑波.华南沿海温泉成因探讨[J].中山大学学报,2002(1).

[31] 陈景胜.神州八大温泉[J].中国水运,2001(3).

[32] 王艳平,山村顺次.中国温泉资源旅游利用形式的变迁及其开发现状[J].地理科学,2002,22(1).

[33] 朱跃东.一个新兴的旅游产业温泉养生休闲度假旅游[EB].珠海御温泉度假村网站,2003.

[34] 冯威,张丹丹等.温泉旅游地的发展态势分析——构筑休闲型的温泉度假空间[J].云南财经大学学报,2003,17(5).

[35] 侯斌,罗舰,殷剑侠.我国标准高尔夫运动场地现状及发展规模研究[J].武汉体育学院学报,2006(10).

[36] 马宗仁,阳承胜,常向前等.高尔夫球场草坪-杂草群落中主要杂草种类年消长动态及时间生态位[J].生态学报,2004(10).

[37] 茹希,周青.高尔夫球场扩增的环境生态效应[J].生态经济,2006(5).

[38] 郁小平,夏洪胜,何荞.我国高尔夫旅游开发探讨[J].江苏商论,2004(4).

[39] 王志东,丁再献.山东半岛开拓韩国高尔夫旅游市场研究[J].旅游学刊,2006(10).

[40] 林永革,杨亮.我国高尔夫产业的发展现状和前景[J].广州体育学院学报,2005(6).

[41] 王成志.我国高尔夫运动与高尔夫旅游发展综述[J].旅游调研,2005(7).

[42] 郁小平,夏洪胜.高尔夫旅游的产生因素及有效作用分析[J].开放导报,2005,4(2).

[43] 付冰,周申立,郝百强.试论中国高尔夫旅游的发展与规划[J].哈尔滨商业大学学报(社会科学版),2006(1).

[44] 费鸿年,张诗全.水产资源学[M].北京:中国科学技术出版社,1990(1).

[45] 聂智敏,付企武,黄金球.彭泽鲫鱼具有广阔的推广前景[J].中国水

产,1994(12).

[46] 胡安庆.富丽渔村与发展休闲渔业[J].渔业推广(中国台湾),2002.

[47] 庄庆达等.海洋观光休闲之理论与应用[M].台湾五南图书出版公司,2008.

[48] 银川黄河高尔夫俱乐部:http://www.huanghegolf.com/

[49] 新云南旅游信息港:http://www.newyn.com.cn

[50] 中国旅游招商网:http://www.cliccing.com/

[51] 和讯网:http://www.hexun.com/

[52] 河北新闻门户网站:http://www.hebei.com.cn

[53] 旅游中国:http://www.travell.china.com.cn

[54] 玩家旅游:http://www.gootrip.com

责任编辑：张　娟

图书在版编目(CIP)数据

休闲规划开发案例/崔莉著．—北京：旅游教育出版社，2012.9
ISBN 978 - 7 - 5637 - 2500 - 7

Ⅰ.①休…　Ⅱ.①崔…　Ⅲ.①旅游规划—案例—中国②旅游资源开发—案例—中国　Ⅳ.①F592

中国版本图书馆 CIP 数据核字(2012)第 236342 号

休闲规划开发案例
崔莉　著

出版单位	旅游教育出版社
地　　址	北京市朝阳区定福庄南里 1 号
邮　　编	100024
发行电话	(010)65778403　65728372　65767462(传真)
本社网址	www.tepcb.com
E - mail	tepfx@163.com
印刷单位	北京甜水彩色印刷有限公司
经销单位	新华书店
开　　本	787×960　1/16
印　　张	12.5
字　　数	160 千字
版　　次	2012 年 9 月第 1 版
印　　次	2012 年 9 月第 1 次印刷
印　　数	2000 册
定　　价	32.00 元

(图书如有装订差错请与发行部联系)